ANNALES DU MUSÉE GUIMET

BIBLIOTHÈQUE DE VULGARISATION

TOME DIX-HUITIÈME

CONFÉRENCES FAITES AU MUSÉE GUIMET

PAR

MM. Jean RÉVILLE, R. CAGNAT, G. LAFAYE, Théodore REINACH D. MENANT

PARIS
ERNEST LEROUX, ÉDITEUR
28, RUE BONAPARTE, 28

ANNALES DU MUSÉE GUIMET
BIBLIOTHÈQUE DE VULGARISATION
Tome XVIII

CONFÉRENCES
AU MUSÉE GUIMET

Chalon-s.-Saône. — Imprimerie Française et Orientale, E. BERTRAND

CONFÉRENCES
FAITES
AU MUSÉE GUIMET

PAR

MM. Jean RÉVILLE, R. CAGNAT,
G. LAFAYE, Théodore REINACH.
D. MENANT

PARIS
ERNEST LEROUX, ÉDITEUR
28, RUE BONAPARTE, VIᵉ

1906

LE PROPHÉTISME HÉBREU

PAR

Jean RÉVILLE

Directeur d'études à l'École pratique des Hautes Études

D'après l'opinion traditionnelle les prophètes d'Israël ont été les précurseurs de Jésus-Christ; ils ont prédit sa venue et annoncé aux Juifs le salut qui devait être dispensé par Dieu, en Christ, aux fidèles de toutes nations. Telle est depuis la plus haute antiquité chrétienne l'enseignement de l'Église. Prédicateurs et théologiens d'autrefois se sont complu à signaler dans les écrits prophétiques de l'Ancien Testament de nombreuses allusions aux événements racontés dans le Nouveau Testament, à seule fin de faire éclater ainsi la prescience de ces hommes de Dieu, auxquels une inspiration surnaturelle avait révélé plusieurs siècles à l'avance même de menus détails de l'histoire évangélique.

La critique historique a depuis longtemps rectifié cette conception erronée. Elle a rétabli le sens véritable des passages où l'on se plaisait à voir des prédictions surnaturelles et montré que, si l'œuvre des prophètes a bien réellement été la préparation historique de l'œuvre du Christ, ceux-ci n'avaient en aucune façon prévu le mode de sa réalisation. Mais, ici comme ailleurs, la critique historique ne s'est pas bornée à détruire les croyances traditionnelles, ainsi qu'on l'en accuse trop souvent. Elle a reconstruit après avoir démoli. En replaçant les prophètes d'Israël dans leur véritable milieu historique, elle a fait ressortir leur incomparable originalité, la haute valeur de leurs prédications enflammées ; elle a reconnu en eux de véritables ancêtres de la conscience moderne, et s'ils y ont perdu leur caractère miraculeux, ils y ont infiniment gagné en grandeur morale.

*
* *

Nous ne possédons pas de renseignements sur les prophètes d'Israël en dehors de ceux qui nous sont fournis par les écrits de l'Ancien Testament, soit par les livres historiques, tels que ceux de *Samuel* et des *Rois*, soit par les livres prophétiques[1]. Or, il est indispensable de soumettre ces écrits à une étude critique très serrée avant de leur demander des témoignages précis. Les livres dits historiques, en effet, ont été rédigés longtemps après les événements qu'ils rapportent, à l'aide de documents antérieurs sans doute, mais aussi avec l'intention de servir la cause du culte de Jahvéh[2]; et les livres prophétiques sont, pour la plupart, des recueils de prophéties, constitués pour les besoins du culte de la synagogue pendant ou après l'exil et qui peuvent, par conséquent, contenir des morceaux d'époque et de prove-

---

[1] Dans nos Bibles, on distingue les Livres historiques (*Josué, Juges, Ruth,* I et II *Samuel,* I et II *Rois,* I et II *Chroniques, Esdras, Néhémie, Esther*) et les Prophètes (*Ésaïe, Jérémie, Ézéchiel, Daniel, Osée, Joël, Amos, Abdias, Jonas, Michée, Nahum, Habakuk, Sophonie, Aggée, Zacharie, Malachie*). Dans le canon hébraïque ces deux catégories sont fondues en une seule, intitulée *Les Prophètes,* les livres historiques étant considérés comme l'œuvre des prophètes. Mais on en exclut à juste titre les livres de *Ruth,* d'*Esdras,* de *Néhémie,* I et II *Chroniques, Esther* et le livre de *Daniel,* qui sont rangés dans la catégorie des « Écrits » tout court (*Ketoubim*).

[2] Telle est la véritable prononciation du nom du Dieu d'Israël qui est appelé Jéhovah dans nos Bibles.

nance différentes groupés sous le nom d'un seul et même auteur[1].

Comme, d'autre part, les prophètes sont mêlés de la façon la plus intime aux événements de leur temps et aux destinées de leur peuple, il n'a pas été possible de reconstituer une image fidèle du prophétisme en Israël, avant que la critique historique eût, au préalable, dégagé des études sur l'Ancien Testament une histoire du peuple d'Israël et de sa littérature biblique, susceptible de satisfaire aux exigences de la science moderne. Il a fallu,

---

1. Certains critiques, tels que MM. Ernest Havet et Maurice Vernes, ont été même jusqu'à prétendre que les écrits prophétiques sont de libres compositions datant du IVe au IIe siècle, dans lesquelles d'ardents adorateurs de Jahvéh adressent à leurs contemporains des exhortations religieuses et morales, sous forme de prédications attribuées à des ancêtres. Cette thèse, qui n'a d'ailleurs guère trouvé d'écho parmi les historiens compétents, nous paraît inadmissible. De ce que les livres actuels des prophètes sont des recueils de prophéties utilisés après l'exil de Babylone, il ne résulte pas que les morceaux qui y sont réunis ne soient pas plus anciens que ceux qui les ont utilisés pour l'usage cultuel. Bien au contraire, la plupart de ces morceaux ne répondent, en aucune façon, aux circonstances, aux conditions d'existence, de pensée et de sentiment, du IIIe ou du IIe siècle avant notre ère. Ils n'ont de sens qu'à la condition d'avoir été composés dans le milieu de beaucoup plus ancien auquel ils s'appliquent. Naturellement, la notion du prophétisme hébreu dépend tout d'abord de la solution de cette question d'histoire littéraire.

enfin, éclairer les renseignements trop rares fournis par la Bible sur la religion de l'antique Israël à la lumière que fournit l'histoire des religions, notamment chez les peuples voisins d'Israël. Tous les prophètes, en effet, n'ont pas laissé d'écrits. Les plus anciens ne nous ont rien laissé. Le peu que nous savons à leur sujet ne se peut entendre que par analogie avec ce que nous connaissons ailleurs d'une manière plus détaillée.

Les origines du prophétisme hébreu sont obscures et humbles. Les *nebiim* (pluriel de *nabi*) ne sont ni des prêtres, ni des sorciers. Ils ne pratiquent pas la divination par l'interprétation de signes extérieurs comme les augures ou les haruspices ; ils ne sont attachés à aucun oracle. Ce sont, à l'origine, des possédés, des personnages qui, soit en vertu d'une aptitude naturelle, soit par des moyens artificiels, tels que la musique, la danse, les cris, parviennent à un état d'exaltation telle qu'ils se sentent devenir en quelque sorte d'autres êtres, dominés et entraînés par une puissance supérieure à leur propre volonté et qui n'est autre que celle de leur dieu ; dès lors ce ne sont plus eux qui parlent, c'est l'esprit du dieu qui, s'étant emparé d'eux, parle par leur bouche. Dans quelques rares passages de l'Ancien Testament on trouve encore les vestiges de cette forme originelle du prophétisme. Voici par exemple ce que dit Samuel à Saül, après lui avoir donné l'onction royale : « Après cela tu arriveras à Guibea-Elohim, où se trouve une garnison de Philistins. En entrant dans la ville tu rencontreras une troupe de prophètes descendant du haut-lieu, précédés du luth, du tambourin, de la flûte et de la harpe, et prophétisant eux-mêmes. L'esprit de l'Éternel te saisira, tu prophétiseras avec eux et tu seras changé en un autre homme » (*I Samuel*, x, 5-6).

Il y a là un phénomène religieux de même ordre que ceux dont l'histoire des religions nous offre de nombreux exemples ailleurs, chez les sauvages où les sorciers s'excitent par des danses pour entrer en relation directe avec les puissances divines, dans les cultes orgiastiques de Dionysos en Thrace, d'Attis en Phrygie, de Mâ en Cappadoce, et ailleurs encore, où les serviteurs du dieu s'exaltent par des mouvements désordonnés, des courses folles, des cris, des chants, voire même par des blessures ou des mutilations, jusqu'à perdre conscience de ce qu'ils font ou de ce qu'ils disent, s'abandonner sans réserve à l'action du dieu en eux et se livrer ainsi complètement à lui. La répulsion que provoquent les actes immoraux inspirés le plus souvent par ces exaltations frénétiques, ne doit pas nous faire méconnaître leur valeur religieuse. Les débordements sensuels qu'elles ont suscités, en un temps où la morale telle que l'entendent les peuples civilisés n'avait rien à faire avec la religion, n'empêchent pas l'historien de reconnaître en elles l'une des sources les plus fécondes de l'inspiration religieuse et morale. Ce sont les formes primitives de la communion avec les dieux. Si grossières et désordonnées qu'aient pu être les orgies dionysiaques, par exemple, il ne faut pas oublier que c'est de cette frénésie immorale que procède directement le drame grec, c'est-à-dire l'une des plus nobles manifestations du génie humain.

Les *nebiim* ne sont donc en aucune façon le bien propre des Israélites. Ils existent chez les populations cananéennes et on a même pu prétendre que les Israélites les avaient empruntés aux Cananéens. Il y a des prophètes de Baal et d'Astarté en très grand nombre, encore à l'époque d'Achab (IXᵉ siècle). D'après le célèbre récit du premier livre des *Rois* (ch. XVIII, 19, 28 et 29), Élie provoque la réunion, sur le mont Carmel, de 450 prophètes de Baal et de 400 prophètes d'Astarté, et les met au défi de supprimer la sécheresse qui désole le pays : « et » ils crièrent à haute voix, et ils se firent, selon » leur coutume, des incisions avec des épées » et avec des lances, jusqu'à ce que le sang » coulât sur eux ; lorsque midi fut passé, ils » prophétisèrent jusqu'au moment de la pré- » sentation de l'offrande ».

Jahvéh, lui aussi, a ses prophètes, et ceux-ci semblent, eux aussi, avoir formé des groupes, appelés d'un terme impropre « écoles de pro- phètes », qui vivaient sans doute des offrandes que leur apportaient les fidèles. Il est probable que dans leurs crises d'excitation religieuse ils s'entaillaient la figure et les bras, comme ces prophètes de Baal dont nous venons de parler. D'après un très curieux récit du premier livre des *Rois* (XX, 35 et suiv.) le « fils de prophète » qui reçoit mission de reprocher à Achab sa mansuétude à l'égard de Ben-Hadad, roi de Syrie, se fait blesser au front avant de paraître devant lui et découvre subitement sa blessure qu'il avait préalablement recouverte d'un bandeau, pour convaincre le roi de sa qualité de prophète. La limite entre la possession par la divinité et la folie était si difficile à reconnaître qu'à mainte reprise les prophètes sont traités de « fous » par leurs contemporains (*II Rois*, ix, 11; *Osée*, ix, 7; *Jérémie*, xxix, 26).

Dès la haute antiquité il semble y avoir eu, à côté des groupes ou bandes de prophètes qui s'excitaient réciproquement par une sorte de contagion sacrée, des organes de Jahvéh qui opéraient individuellement, d'une façon plus calme, en tous cas moins orgiastique. A côté du *nabi* il y avait le *rôeh*, le voyant. On a voulu établir une séparation complète entre ces deux ordres de personnages, mais sans raisons suffisantes. Ce sont des êtres de même famille. Comme il est dit dans I *Samuel*, ix, 9 : « Au» trefois en Israël, quand on allait consulter » Dieu, on disait : Venez et allons au voyant ! » car celui qu'on appelle aujourd'hui *nabi* s'ap» pelait autrefois *rôeh* ». Cette réflexion du rédacteur de ces anciens récits prouve qu'il n'y avait pas, dans les documents qu'il connaissait, de différence bien tranchée entre les deux termes. Samuel, le voyant que Saül va consulter pour retrouver les ânesses perdues de son père, est au mieux avec les prophètes et passe pour avoir fondé leurs « écoles ».

Mais si, à l'origine, le Jahvisme a eu ses prophètes, semblables à ceux des Baals cananéens, il a complètement transfiguré cette institution cananéenne. Tout comme les Grecs ont épuré les fureurs orgiastiques des fêtes dionysiaques, jusqu'à en faire jaillir la sublime inspiration de leurs grands tragiques, les adorateurs de Jahvéh, en Israël, ont fait de la possession prophétique la source de la plus belle et de la plus sainte inspiration religieuse et morale. C'est cette évolution dont il est essentiel de saisir la nature et le développement.

*
* *

Les prophètes de Jahvéh prennent naturellement fait et cause pour le culte de leur dieu. Or, Jahvéh n'est pas un dieu de même nature que les Baals cananéens. Ce n'est pas (du moins à l'époque historique) un dieu de la nature, de la fécondité, du ciel, du soleil ou de tout autre phénomène terrestre ou céleste. Jahvéh est le Dieu d'Israël, celui qui a fait alliance avec les Israélites, non pas avec telle ou telle famille, tribu ou localité, mais avec tous les enfants d'Israël. Il est le dieu national, le dieu fédéral, si l'on peut s'exprimer ainsi, celui qui, chez ces populations pour lesquelles tout fait social a un caractère religieux, est le lien qui les unit. Jahvéh n'est pas encore le Dieu unique, créateur des cieux et de la terre, qu'il sera dans le Judaïsme postérieur ; les Israélites ne sont pas encore monothéistes. Ils reconnaissent l'existence d'autres dieux et ils ne se font pas défaut de leur rendre hommage. Mais parmi tous les dieux Jahvéh est le dieu spécial des tribus israélites, leur patron et leur protecteur. Il a fait alliance avec elles. Alors même, en effet, que le récit de l'alliance au Sinaï sous sa forme actuelle est de rédaction tardive, l'idée même de l'alliance entre Jahvéh et son peuple est fondamentale et domine toute l'histoire d'Israël. Jahvéh protège Israël et Israël doit adorer Jahvéh. Celui-ci est un dieu jaloux qui n'admet pas d'être adoré en même temps que d'autres dieux. Aux yeux de ses fidèles, le peuple d'Israël est semblable à un homme qui n'a qu'une seule femme légitime ; s'il a des relations avec d'autres femmes, ce ne peut être qu'à titre de concubines, ou d'amies passagères ; aucune d'elles n'est considérée comme épouse régulière ; et à mesure que la notion de la famille s'épure, à mesure que l'idéal monogamique se dégage, à mesure aussi le devoir de fidélité exclusive à la seule épouse légitime s'impose avec plus de rigueur.

La nature particulière de ce Dieu — qui s'affirme et se précise au cours des luttes incessantes entre les Israélites et les populations menaçant leur indépendance — détermine l'action de ses serviteurs. Le patriotisme national (et non pas simplement local) est étroitement associé à son culte. Son service comporte le renoncement aux intérêts particuliers de l'individu, de la famille, voire même de la tribu, pour se consacrer au bien de la collectivité, de la fédération des tribus, de la nation. Les meilleurs de ses serviteurs par excellence, les prophètes, qui parlent lorsqu'ils sont possédés par son esprit, seront donc nécessairement les défenseurs les plus ardents du patriotisme national et de la consécration au bien public. Qu'ils prennent à cœur les intérêts de leur dieu, c'est là chose naturelle et qui se retrouve partout ailleurs. Mais ce qui leur est particulier, c'est que dès le début la cause qu'ils servent a un caractère national, patriotique et moral, en même temps que religieux. Aussi est-ce surtout aux époques de crise nationale que nous les voyons à l'œuvre.

Tel est bien déjà le caractère de Samuel, qui passe pour avoir fondé des sociétés de prophètes jahvistes : « En ce temps-là, il n'y avait
» point de roi en Israël ; chacun faisait ce qui
» lui semblait bon (*Juges*, XXI, 25) ; la parole de
» l'Éternel était rare en ce temps-là, et il n'y
» avait pas beaucoup de révélations » (*I Samuel*, III, 1). Samuel ranime l'esprit prophétique, rétablit l'union entre les tribus divisées, leur donne un roi au nom de Jahvéh et répare ainsi les désastres que leur avaient infligés les Philistins. L'unité nationale l'emporte sur l'instinct d'indépendance hérité des ancêtres nomades et la concentration patriotique va de pair avec une renaissance du Jahvisme.

L'histoire de Salomon et celle des rois d'Israël et de Juda suffit à prouver que cette renaissance jahviste est encore très éloignée du monothéisme exclusif. Mais la prédication des prophètes de Jahvéh tendra sans cesse à faire prévaloir son culte sur tous les autres et ne cessera pas de présenter la fidélité au dieu national comme la condition de la grandeur et de la prospérité du peuple qui a fait alliance avec lui. « Jusques à quand clocherez-vous des deux » côtés ? » s'écrie Élie, en parlant aux sujets du roi Achab : « Si l'Éternel est Dieu, allez après » lui ; si c'est Baal, allez après lui » (*I Rois*, XVIII, 21). Et, à force de soutenir que les enfants d'Israël ne doivent en adorer aucun autre, les autres dieux finiront par être si bien abaissés qu'il n'en restera plus rien. Ils seront réduits à néant ; ils n'existent pas ; ce ne sont pas des dieux. Jahvéh seul est Dieu. Le monothéisme en Israël n'est pas, comme en Grèce, le fruit de la réflexion philosophique. Il est le résultat de la glorification exclusive du dieu national par ses prophètes, après une lutte séculaire traversée par toutes sortes de péripéties tragiques. Avant que cette évolution soit achevée le royaume d'Israël sera détruit. Même en Juda on ne peut pas dire que le triomphe du monothéisme sous Josias, à la fin du VIIe siècle, soit définitif. Il ne prévaut sans contestation que dans l'exil de Babylone, parmi les petits groupes de fidèles, qui ne se consolent pas d'avoir perdu leur patrie et leur sanctuaire national et qui, au VIe et au Ve siècle, rentrent en Judée pour reconstituer ce que l'on peut appeler indifféremment la *nation* ou l'*église* juive.

Un second caractère de la prédication prophétique, qui se rattache étroitement au précédent, c'est l'hostilité à l'égard des cultes fastueux et de l'idolâtrie. Jusqu'à l'époque d'Ézéchias (725-696) Jahvéh est adoré sur les hauts lieux, tout comme les dieux cananéens, et représenté sous la forme d'un jeune taureau. A Jérusalem même, dans le temple national de Jahvéh, on brûle des parfums devant le serpent d'airain (*II Rois*, xviii, 4). Mais les prophètes sont mal disposés pour le luxe des sanctuaires et la prodigalité des sacrifices. Jahvéh est à l'origine un dieu du désert. Ses plus fidèles adorateurs ont hérité de l'aversion du Bédouin pour les représentations plastiques, œuvres de l'art et de l'industrie de populations étrangères plus civilisées et sédentaires. Longtemps Jahvéh n'a pas eu de temple solennel. Des pierres sacrées, des autels rustiques, d'anciens fétiches devenus symboles, conviennent mieux à la célébration de son culte que les temples luxueux et les rituels compliqués. L'aversion jahviste pour les cultes étrangers, où l'on se complaît aux fêtes brillantes et sensuelles, fortifie encore l'instinct iconoclaste des prophètes de Jahvéh. A mesure qu'ils font prévaloir le culte de leur dieu, à mesure aussi ils s'efforcent de faire disparaître, non seulement les idoles consacrées aux divinités étrangères, mais également tout ce qu'il y a encore d'idolâtrique dans le culte populaire de Jahvéh. Le monothéisme islamique fera de même plus tard.

**

Mais voici le fait capital : à côté des groupes ou sociétés de prophètes qui pratiquent l'exaltation religieuse, naturelle ou factice, en quelque sorte comme une profession, à côté des voyants vulgaires que l'on vient consulter pour connaître les choses cachées, pour avoir des pronostics, des conseils ou des directions, nous avons déjà vu apparaître de bonne heure en Israël des individualités prophétiques. Parmi ceux-là il en est qui se sentent contraints en quelque sorte malgré eux à parler au nom de Jahvéh, non plus pour répondre à qui vient les consulter ou pour donner satisfaction à qui les paye, mais pour proclamer la volonté de Jahvéh devant leurs compatriotes peu désireux de les entendre, pour être ses organes et réclamer de sa part, d'abord sans doute l'observation des obligations cultuelles que le dieu a imposées à son peuple, mais ensuite et surtout le respect des clauses morales de l'alliance, sans lesquelles celle-ci ne peut pas se maintenir. Ce sont ces hommes-là que l'on désigne en général sous le nom de « prophètes d'Israël », sans songer aux autres, parce que ce sont les seuls sur lesquels nous soyons quelque peu renseignés, les seuls dont la Bible nous ait conservé la parole. Mais en réalité ce furent des exceptions. Ils furent presque toujours en butte à l'animosité de leurs contemporains, comme le sont les réformateurs de tous les temps, et il semble même qu'ils aient été le plus souvent mal vus des autres prophètes, de ceux qui pratiquaient le prophétisme comme un métier.

Chez eux nous ne retrouvons plus l'excitation factice, provoquée par le luth ou le tambourin, ni la possession frénétique par l'esprit du dieu, comme dans les sociétés des prophètes jahvistes ou chez les prophètes de Baal. Assurément ils affectionnent encore, surtout les plus anciens, une certaine bizarrerie dans leur apparition extérieure et une certaine exaltation de langage. Mais la force qui les fait parler et agir ne procède plus de l'ivresse physique. C'est l'obsession d'une pensée, qui s'impose à leur esprit avec une telle puissance qu'ils ne peuvent se soustraire au sentiment qu'elle leur est inspirée directement par Jahvéh; c'est une grande vérité morale qui s'est emparée de leur âme et qui les contraint à la proclamer comme une révélation d'origine divine; c'est leur conscience faisant explosion sous les coups répétés de l'indignation provoquée par le triomphe insolent de l'injustice; c'est l'amour ardent de leur peuple et de leur dieu, confondus dans une même passion désintéressée, qui les pousse comme une force surhumaine à braver la colère des puissants et la malveillance aveugle de la foule pour dénoncer les pratiques coupables, les abus de pouvoir, les iniquités de toute nature, les erreurs délétères, tout ce qui détourne le peuple de Jahvéh de sa véritable mission et compromet irrémédiablement son avenir.

Les plus anciens souvenirs de ces individualités prophétiques ne nous sont parvenus que dans des récits, où il est fort difficile de dégager le témoignage véritablement historique, des embellissements de la légende populaire où des appropriations édifiantes opérées par les rédacteurs des livres historiques de l'Ancien Testament. Nathan, déjà, vient trouver le puissant roi David pour lui reprocher sa conduite indigne à l'égard d'Uri et lui annoncer la punition de Jahvéh (*II Samuel*, xii, 1-23). Élie décrète la colère du Dieu d'Israël contre Achab et Jésabel qui ont dépouillé Naboth de sa vigne (*I Rois*, xxi).

Le premier sur lequel nous ayons des renseignements sûrs et dont un écho direct nous soit parvenu, c'est *Amos*, le berger de Tekoa, le contemporain de Jéroboam II, roi d'Israël (825-775). Au milieu des fêtes brillantes de Béthel (*Amos*, vii, 10-15) Amos vient annoncer la mort et la destruction au nom de Jahvéh, parce qu'il n'y a pas de justice ni de piété :

Ils ont vendu le juste pour de l'argent,
Et le pauvre pour une paire de souliers. [misérables,
Ils aspirent à voir la poussière de la terre sur la tête des
Et ils violent le droit des malheureux.
Le fils et le père vont vers la même fille,
Afin de profaner mon saint nom. [pris en gage,
Ils s'étendent près de chaque autel sur des vêtements

Et ils boivent dans la maison de leurs dieux le vin de
[ceux qu'ils condamnent.
Et pourtant j'ai détruit devant eux les Amorréens.
. . . .
J'ai suscité parmi vos fils des prophètes,
Et parmi vos jeunes hommes des nazaréens.
N'en est-il pas ainsi, enfants d'Israël ? dit l'Éternel....
Et vous avez fait boire du vin aux nazaréens [1] !
Et aux prophètes vous avez donné cet ordre :
Ne prophétisez pas !
Voici je vous écraserai,
Comme écrase un chariot rempli de gerbes....
(*Amos*, II, 6, 8, 11-13.)

Et plus loin, voici les paroles que Jahvéh prononce par la bouche d'Amos :

Je hais, je méprise vos fêtes,
Je ne puis sentir vos assemblées. [offrandes,
Quand vous me présentez des holocaustes et des
Je n'y prends aucun plaisir ; [grâces,
Et les veaux engraissés que vous sacrifiez en actions de
Je ne les regarde pas.
Éloigne de moi le bruit de tes cantiques ;
Je n'écoute pas le son de tes luths.
Mais que la droiture soit comme un courant d'eau,

---

1. Le Nazaréen ou nâzir, c.-à-d. celui qui avait fait vœu de « naziréat » devait d'abstenir de vin ou de toute boisson enivrante et laisser croître ses cheveux.

Et la justice comme un torrent qui jamais ne tarit.
M'avez-vous fait des sacrifices et des offrandes
Pendant les quarante années du désert, maison d'Israël?
Emportez donc la tente de votre roi,
Le piédestal de vos idoles,
L'étoile de votre dieu
Que vous vous êtes fabriqué !
Et je vous emmènerai captifs au-delà de Damas,
Dit l'Éternel, dont le nom est le dieu des armées.

(v, 21-27.)

Cinquante ans plus tard, à la veille du jour où la menace de destruction proférée par Amos contre le royaume d'Israël va être réalisée par le conquérant assyrien, *Osée* reprend la même thèse. Mais à côté de la condamnation prononcée sur le peuple infidèle et sur les prévaricateurs de la justice, apparaît déjà la note miséricordieuse, qui ne cessera dès lors de retentir, avec plus ou moins de force, dans la prédication des prophètes, la promesse du pardon divin et du relèvement pour le peuple repentant et réconcilié avec Jahvéh. L'Éternel, comparant son peuple d'Israël à une épouse infidèle et prostituée, confond son iniquité, mais il ne la repousse pas pour toujours :
« Voici, je veux l'attirer et la conduire au désert,

« et je parlerai à son cœur ».....(*Osée*, II, 16).

Que ferai-je de toi, Ephraïm ?
Dois-je te livrer, Israël ?
. . . .
Mon cœur s'agite au-dedans de moi,
Toutes mes compassions sont émues.
Je n'agirai pas selon mon ardente colère,
Je renonce à détruire Ephraïm ;
Car je suis Dieu, et non pas un homme,
Je suis le Saint au milieu de toi ;
Je ne viendrai pas avec colère.

(*Osée*, XI, 8-9.)

Et ailleurs :

Et toi reviens à ton Dieu,
Garde la piété et la justice
Et espère toujours en ton Dieu.

(XII, 7.)

*
* *

Toute la prédication des prophètes est déjà là, dans ces vieilles paroles d'Amos et d'Osée, dès le VIIIe siècle avant Jésus-Christ. C'est dans la conscience de ces humbles serviteurs de Jahvéh que plonge la racine sur laquelle pousseront les grandes religions monothéistes : le Judaïsme, le Christianisme et l'Islamisme.

Et ce qu'il y a de meilleur, de plus religieux, de plus bienfaisant en elles est déjà en germe dans le message qu'ils apportent : la souveraineté absolue d'un Dieu moral, le culte véritable consistant dans la vie conforme à la volonté de ce Dieu; l'assurance du triomphe nécessaire de la justice, l'obligation sainte de se consacrer à son service, la promesse du pardon et du relèvement pour le pécheur repentant.

Certes, la distance est grande entre cette prédication des grandes individualités prophétiques d'Israël et celle des écoles de prophètes, qui parlent pour de l'argent ou pour complaire aux clients qui les consultent. Et cependant, l'une est sortie de l'autre, comme la haute inspiration religieuse et morale d'un Aeschyle ou d'un Sophocle est sortie des ivresses des fêtes bachiques. Dans l'un comme dans l'autre cas, le sentiment d'être possédé par l'esprit du Dieu devait aboutir à faire prévaloir dans l'âme des enthousiastes la conscience de la souveraineté de leur inspiration individuelle. Ils se savent les interprètes de leur Dieu ; quand de l'abondance du cœur leur bouche parle, ce ne sont pas eux qui parlent, c'est l'esprit de Dieu qui les contraint à se mettre à son service. Et quand ce Dieu dont ils se sentent les organes est un être moral comme le Jahvéh d'Israël, les causes qu'il commet à leur garde sont, de par sa nature même, des causes morales. Jahvéh, nous l'avons vu, est le dieu de l'alliance pour le peuple d'Israël dans son ensemble. C'est le peuple qu'il protège, non pas le roi ou le prêtre; l'alliance est antérieure à la royauté ou au sacerdoce. Rois et prêtres en Israël ne sont pas, comme ailleurs, ses incarnations, mais ses agents, ses instruments. Quand ils prétendent le confisquer à leur profit, ils commettent un abus et une impiété, car Jahvéh protège au même titre tous les membres de l'alliance. Lorsque les rois, les grands, les puissants font tort aux pauvres ou aux faibles, ils font tort à des membres de la nation protégée par Jahvéh; ils encourent la punition divine. C'est la notion même de Dieu qui, là comme partout ailleurs, détermine les inspirations qu'il provoque dans l'âme de ses fidèles. Les prophètes d'Israël censurent indistinctement rois, prêtres ou populace. Ils parlent au nom d'un magnifique idéal de justice, de sainteté et de miséricorde et, pour faire triompher la parole de Dieu, ils n'ont d'autre arme que la persuasion. Ce sont des consciences parlant à des consciences. Voilà ce qui, en dehors de toute considération confessionnelle et de tout surnaturel, constitue leur originalité et leur incomparable grandeur dans l'histoire. Ils sont de leur temps assurément par leur faible développement intellectuel, leurs doctrines, l'étroitesse relative de leur horizon terrestre, par les applications à nos yeux souvent contestables qu'ils font de leurs principes ; — l'idéal moral et religieux qui les inspire est de tous les temps et rayonne encore aujourd'hui sur le monde comme le phare lointain d'un port que l'humanité n'a pas encore atteint.

*
* *

C'est justement parce que ce prophétisme, que l'on peut appeler « supérieur » pour le distinguer du prophétisme vulgaire, représente en Israël un idéal très élevé, qu'il se trouve continuellement en conflit avec la réalité. Les grands inspirés de Jahvéh en appellent sans cesse à un avenir qui ne se réalise jamais. Certes les menaces qu'ils profèrent contre le peuple infidèle et contre ses chefs iniques ont été ratifiées par les événements, sinon sous la forme qu'ils avaient annoncée, du moins pour le fond : ces idéalistes, que leurs contemporains traitent volontiers de fous, voient les choses de haut et ont souvent plus de perspicacité que le bon sens vulgaire de ceux qui les raillent. Le royaume d'Israël a été détruit, comme l'annonçait Amos. Mais le relèvement promis par Osée ne s'est jamais produit : Israël a disparu du milieu des nations.

Juda échappa à la destruction par les Assyriens, grâce à la politique habile du roi Achaz, qui comprit que le salut était dans une alliance avec la grande puissance militaire du Nord. Dès lors, c'est dans le tout petit royaume de Juda que se rencontre l'activité prophétique. Mais si la scène se rétrécit, l'horizon s'élargit. L'expérience faite en Israël n'a pas été perdue. Avec le premier *Ésaïe*[1] le prophétisme prend une orientation nouvelle. Comme ses prédécesseurs, Ésaïe dénonce les péchés de son

---

1. Le recueil de prophéties qui porte dans la Bible le nom unique d'Ésaïe ou Isaïe, comprend en réalité des fragments de prédications prophétiques émanant de plusieurs prophètes. Les deux principaux sont : le contemporain d'Achaz, roi de Juda, à la fin du VIII° siècle, que l'on appelle « le premier Ésaïe », et le grand anonyme qui chanta la délivrance de son peuple aux approches de Cyrus et vit la chute de Babylone en 536, « le second Ésaïe ».

peuple et le culte purement rituel rendu à Jahvéh :

Qu'ai-je affaire de la multitude de vos sacrifices ? dit
[l'Éternel.
Je suis rassasié des holocautes de béliers et de la
[graisse des veaux ;
Je ne prends point plaisir au sang des taureaux, des
[brebis et des boucs.
Quand vous venez vous présenter devant moi,
Qui vous demande de souiller mes parvis ?
Cessez d'apporter de vaines offrandes :
J'ai en horreur l'encens,
Les nouvelles lunes[1], les sabbats et les assemblées,
Je ne puis voir le crime s'associer aux solennités.
. . . .
Quand vous multipliez les prières, je n'écoute pas.
Vos mains sont pleines de sang.
Lavez-vous, purifiez-vous,
Otez de devant mes yeux la méchanceté de vos actions ;
Cessez de faire le mal.
Apprenez à faire le bien, recherchez la justice,
Protégez l'opprimé ;
Faites droit à l'orphelin,
Défendez la veuve.
Venez et plaidons ! dit l'Éternel.

1. Cérémonies religieuses célébrées à l'occasion de chaque nouvelle lune. Le calendrier était lunaire chez les Israélites.

Si vos péchés sont comme le cramoisi, ils deviendront
                    [blancs comme la neige ;
S'ils sont rouges comme la pourpre, ils deviendront
                    [comme la laine.
Si vous avez de la bonne volonté et si vous êtes dociles,
Vous mangerez les meilleures productions du pays ;
Mais si vous résistez et si vous êtes rebelles,
Vous serez dévorés par le glaive,
Car la bouche de l'Éternel a parlé.
                                (*Ésaïe*, i, 11-20.)

Mais chez lui la prophétie prend un tour plus mystique et plus spécifiquement religieux. Il a connaissance de la force écrasante des Assyriens, bien supérieure à celle des voisins avec lesquels Israël et Juda ont lutté jusqu'alors. Il sait que le petit peuple de Juda ne peut pas songer à triompher de pareils adversaires par ses propres ressources. Les fidèles de Jahvéh ne doivent donc pas mettre leur confiance dans leurs forces militaires ni dans leurs habiletés politiques, mais uniquement en la protection de Jahvéh. Ces Assyriens si redoutables lui apparaissent comme les instruments de l'Éternel. Ils ont détruit Israël. En Juda aussi les méchants et les infidèles périront, mais il subsistera un petit groupe de fidèles, pieux et justes, et ce petit peuple de Dieu est destiné à faire briller la vérité et la justice dans le monde, à fonder le règne de Jahvéh dans l'humanité.

Voilà qui dépasse singulièrement le cadre étroit du prophétisme antérieur ! La philosophie de l'histoire, cette grande pensée du Judaïsme, fait ici son apparition. Le monothéisme prophétique commence à porter ses fruits. La porte de l'universalisme religieux s'entr'ouvre. Les autres peuples entrent à leur tour dans le champ de vision du prophète. Ils sont eux aussi régis par la volonté de Jahvéh. Instruments de ses pensées, ils se font insciemment les exécuteurs de ses arrêts. Quoique le prophète concentre encore toute sa sollicitude sur l'avenir du peuple de l'alliance et même sur une petite portion de ce peuple qui sera vraiment la nation de l'Éternel, on entrevoit déjà le moment où les continuateurs de cette vision prophétique appelleront les autres nations à participer, elles aussi, autour du peuple élu à la félicité du règne de Jahvéh [1].

1. Si l'on pouvait attribuer au premier Ésaïe le beau morceau du ch. II, 2-4, où toutes les nations affluent à la maison de l'Éternel, il y aurait lieu de faire déjà hommage de cette proclamation de l'universalisme religieux à ce prophète. Mais il est fort douteux que ces paroles qui se retrouvent dans les prophéties de *Michée* (IV 1, et suiv.) soient de lui.— Voir aussi XI, 10.

Mais en même temps l'insouciance des conditions de la vie positive s'accentue. L'assurance du triomphe final de la justice est plus vive que jamais. L'espérance de l'avenir meilleur s'affirme dans une sereine éloquence, mais déjà elle s'élève dans ces sphères de la foi, où les contingences de la réalité se perdent dans le mystère. Comment ce petit peuple de fidèles pourra-t-il subsister? Le prophète n'en a cure. Dieu y pourvoira. La montagne de l'Éternel est inviolable. Le concours de circonstances qui, à deux reprises, sauva Jérusalem de la destruction, une première fois lorsque Sargon mit un terme à l'existence du royaume d'Israël (vers 720), une seconde fois lorsque Sanchérib se retira subitement au moment d'investir la ville sainte (701), a pu suggérer à Ésaïe cette assurance mystique d'une protection divine garantissant la montagne sacrée contre toute violation. Mais il y a plus. C'est la foi même en la souveraineté de Jahvéh qui implique la certitude de son triomphe, dans le monde entier aussi bien que dans le sein du peuple de Juda, et qui porte en germe le recours aux interventions surnaturelles.

Tandis que les événements semblaient ainsi

consacrer la cause prophétique à l'extérieur, le règne d'Ézéchias (725-697) lui apportait à l'intérieur un concours inespéré. Pour la première fois un roi était disposé à donner satisfaction aux réclamations des prophètes contre les cultes concurrents de celui de Jahvéh et contre l'idolâtrie dans le Jahvisme lui-même. Cette première tentative de réforme fut suivie d'une réaction en sens contraire sous Manassé (697-642). Avec Josias (639-609) les réformateurs prennent leur revanche. Le prêtre Hilkia trouve dans le temple de Jérusalem une loi écrite — qui n'est autre, semble-t-il, que le noyau de notre *Deutéronome* — le chancelier Schaphan la porte au roi, la prophétesse Hulda atteste que c'est bien duement la parole de l'Éternel. Cette loi, que ni Ézéchias, ni Ésaïe, ni Michée n'ont connue, est évidemment de rédaction récente. Josias, très impressionné par la découverte, s'empresse de se conformer à ses prescriptions. Il détruit les hauts lieux, purifie le temple de Jérusalem, pourchasse l'idolâtrie. La loi nouvelle que tout le peuple s'est engagé à observer, est un renouvellement de l'alliance entre Jahvéh et son peuple. Elle fait une large part à l'élément moral de la religion prophétique, aux lois sociales et humanitaires, mais elle est née dans le temple ; elle a été trouvée par un prêtre ; il n'est donc pas étonnant qu'elle ait aussi un caractère rituel accentué. Elle consacre le triomphe du seul temple de Jérusalem sur tous les autres sanctuaires, même celui de Béthel et, par le fait, elle assure la suprématie du sacerdoce de Jérusalem. Elle est en réalité l'œuvre d'une coalition du parti des prophètes et de l'élément sacerdotal de la capitale.

La réalisation d'une grande pensée réformatrice répond rarement d'une façon complète aux intentions de ceux qui l'ont conçue et préparée. Les réformateurs sont obligés de composer avec les préjugés ou les intérêts de la société qu'ils veulent régénérer ; la hardiesse de leur initiative provoque une réaction des tendances contraires qui ne se laissent pas déposséder sans résistance, et la crise s'achève en une résultante de ces éléments multiples bien plutôt qu'en une réalisation intégrale de l'idée qui l'a provoquée. Il en a été ainsi de la Réformation du XVIe siècle et de la Révolution française. Il en fut de même de la grande réforme opérée en Juda à la fin du VIIe siècle avant notre ère. La victoire obtenue par le parti des prophètes, avec le concours du sacerdoce local de Jérusalem, devait profiter au sacerdoce bien plus qu'à l'esprit prophétique. Elle contenait en germe la suprématie du prêtre, le règne du rite, c'est-à-dire tout juste le contraire de la libre inspiration de la conscience individuelle qui est l'essence même du prophétisme supérieur. De plus, en consignant la révélation de Jahvéh dans un texte écrit, en la fixant dans la lettre d'une loi, la réforme opérée par Josias inaugurait au sein du Jahvisme la religion du livre, le culte de la lettre greffé sur celui du rite, et préparait ainsi au prophétisme un autre adversaire non moins redoutable. Son triomphe apparent était en réalité le présage de sa décadence.

*.

Mais n'anticipons pas sur les événements. Les conséquences que nous signalons ne se firent sentir que beaucoup plus tard. Des circonstances tragiques devaient au préalable troubler profondément le cours de l'évolution historique du peuple de Juda et permettre au prophétisme de jeter un nouvel et suprême éclat sur l'histoire religieuse du monde.

Ce qui prouve bien que les plus clairvoyants parmi les prophètes ne furent pas dupe de la réforme de Josias, c'est l'attitude du plus grand prophète de cette époque, peut-être le plus remarquable de tous, *Jérémie*. Il ne semble avoir été pour rien dans l'élaboration de la loi écrite et en tous cas il ne s'en prévaut nulle part dans ses prophéties qui nous ont été conservées. En réalité, pour la masse populaire, il n'y avait eu guère autre chose qu'une réforme rituelle, la substitution de certaines pratiques à d'autres. S'il faut en juger précisément d'après les prédications de Jérémie, le peuple de Juda continue à se rendre coupable d'impiétés, d'iniquités, d'impuretés multiples. On ne crée pas, en effet, la moralité ni la piété à coups de décrets ; c'est là l'éternelle erreur des serviteurs de la lettre écrite, qu'ils soient législateurs, prêtres ou scribes. Elles ne se propagent vraiment et d'une façon efficace que par la persuasion, par cette sainte contagion du bien, de la justice et de l'amour, qui puise dans leur beauté même la vertu de son action. La loi punit le mal, prévient les dommages qu'il cause à la société ; elle est impuissante à engendrer la vie.

C'est là justement ce que Jérémie a senti et

ce qu'il a été le premier à proclamer ouvertement avec une incomparable grandeur, dans un langage d'une poésie sublime. Comme ses prédécesseurs il stigmatise les fautes du peuple de Jahvéh et annonce la punition divine qui va le frapper. Il n'en est plus, comme Ésaïe, à s'illusionner sur le caractère inviolable de la montagne sainte à Sion (*Jérémie*, vii). Josias, battu par les Égyptiens, a été tué ; le désordre règne à Jérusalem ; les armées de Babylone, déjà menaçantes, ne tardent pas à s'abattre sur la Judée. Le petit peuple de Juda agonise. Jérémie est le contemporain de la déportation. La nation infidèle subit à son tour, comme jadis Israël, les effets des jugements de Jahvéh proclamés par ses messagers. Prophète de malheur, Jérémie a plus de raisons encore de l'être que les autres. Mais il ne se borne pas à se lamenter et à menacer. Au fond même de l'abîme il garde l'espérance invincible de ses prédécesseurs en un avenir meilleur, et cette espérance, il la purifie, il la spiritualise, il la transpose dans les sphères idéales de la vie morale. Se considérant lui-même, en sa qualité de messager de Jahvéh, comme une sorte d'intercesseur plaidant auprès de son Dieu la cause de son peuple comme auprès du peuple la cause de Dieu, il réclame moins directement la réforme du peuple dans son ensemble, c'est-à-dire une réforme sociale, que la conversion individuelle, la réforme intérieure du cœur et de la conscience de chacun, et il prophétise l'avènement d'un âge meilleur, où la loi de Dieu sera écrite dans le cœur de tout homme, une nouvelle alliance toute intérieure, toute morale et qui ne sera plus seulement le bien propre du peuple de Juda, mais qui rayonnera sur toute la terre. Jamais l'espérance en la réalisation définitive de l'idéal au sein de l'humanité ne s'est affirmée, dans des circonstances aussi tragiques, avec une aussi puissante assurance :

Voici, les jours viennent, dit l'Éternel,
Où je ferai avec la maison d'Israël et la maison de Juda
Une alliance nouvelle,
Non comme l'alliance que je traitai avec leurs pères,
Le jour où je les saisis par la main,
Pour les faire sortir du pays d'Égypte,
Alliance qu'ils ont violée,
Quoique je fusse leur maître, dit l'Éternel
Mais voici l'alliance que je ferai avec la maison d'Israël,
Après ces jours-là, dit l'Éternel :
Je mettrai ma loi au dedans d'eux,

Je l'écrirai dans leur cœur ;
Et je serai leur Dieu,
Et ils seront mon peuple.
Celui-ci n'enseignera plus son prochain,
Ni celui-là son frère en disant :
Connaissez l'Éternel !
Car tous me connaîtront,
Depuis le plus petit jusqu'au plus grand, dit l'Éternel ;
Car je pardonnerai leur iniquité,
Et je ne me souviendrai plus de leur péché.

(*Jérémie*, xxxi, 31-34; voir aussi : xxxiii, 7-9.)

*
* *

Jérusalem est détruite (9 juillet 586). Tous les habitants valides ont été emmenés en exil en Babylonie. Il ne reste plus sur les montagnes désolées de Juda que des vieillards, des infirmes, des impuissants. Il semble que c'en soit fait du peuple de Juda, comme 150 ans plus tôt du peuple d'Israël.

L'exil, on le sait, n'eut pas raison de la ténacité des fidèles de Jahvéh. A la fin du VIe et jusqu'au milieu du Ve siècle, après la destruction de Babylone par Cyrus (536), ils rentrèrent dans leur patrie dévastée, reconstruisirent le temple de Jérusalem, se reconstituèrent en nation et fondèrent ce peuple juif, qui dès lors devait être capable de résister à tous les exodes, à toutes les dispersions, à toutes les persécutions, sans jamais se laisser anéantir. Cette vitalité, unique dans l'histoire, c'est aux prophètes que le peuple de Jahvéh la doit.

A Babylone il n'y a plus de temple ni de culte rituel, plus de roi, plus d'organisme politique. Le seul lien qui puisse retenir ensemble les exilés, c'est le lien religieux, la fidélité persistante au Dieu de l'alliance, la confiance indomptable des prophètes au triomphe nécessaire de la justice. Un triage s'opère évidemment parmi les exilés : les uns se font à leurs nouvelles conditions d'existence et se perdent dans la population mélangée de la grande ville; les autres, probablement la minorité, se raidissent dans leur foi nationale, qui mûrit sous l'ardent soleil de l'épreuve.

Deux hommes nous apparaissent comme les représentants autorisés du prophétisme parmi les exilés : *Ézéchiel* et le grand anonyme auquel on a donné le nom de *second Ésaïe*. Chez l'un comme chez l'autre nous retrouvons les mêmes caractères fondamentaux de la parole prophétique, déjà mainte fois signalés chez leurs prédécesseurs.

Ézéchiel est moins lyrique, moins purement spiritualiste que Jérémie. Il parle moins au cœur et à la conscience ; sa langue est moins belle, son imagination plus sombre. Il est plus attaché au culte rituel de Jahvéh. L'espoir au rétablissement d'Israël implique, en effet, tout d'abord la restauration du sanctuaire national, qui apparaît dès lors dans les visions de l'avenir comme le foyer même de la vie nationale. Pourquoi rentrer en Judée, sinon pour y établir désormais dans toute sa pureté le culte du Dieu de l'alliance? Par le fait même Ézéchiel a des dispositions plus sacerdotales que les prophètes dont nous avons parlé jusqu'à présent. Il est vraiment l'héritier de ceux qui ont opéré la réforme de Josias. D'autre part, les conditions de son peuple à l'époque où il parle sont tellement désespérées que, plus encore que les autres, il ne peut compter pour la réalisation de ses prophéties que sur l'intervention miraculeuse de Jahvéh. Son langage prend déjà le caractère visionnaire qui se développera plus tard dans la prédication apocalyptique :

La main de l'Éternel fut sur moi et l'Éternel me transporta en esprit, et me déposa dans le milieu d'une vallée remplie d'ossements. Il me fit passer auprès d'eux, tout autour ; et voici, ils étaient fort nombreux à la surface de la vallée, et ils étaient complètement secs.

Il me dit : Fils de l'homme, ces os pourront-ils revivre ? Je répondis : Seigneur Éternel, tu le sais.

Il me dit : Prophétise sur ces os, et dis-leur : Ossements desséchés, écoutez la parole de l'Éternel ! Ainsi parle le Seigneur, l'Éternel, à ces os : Voici, je vais faire entrer en vous un esprit, et vous vivrez ; je vous donnerai des nerfs, je ferai croître sur vous de la chair, je vous couvrirai de peau, je mettrai en vous un esprit, et vous vivrez. Et vous saurez que je suis l'Éternel.

Je prophétisai, selon l'ordre que j'avais reçu. Et comme je prophétisais, il y eut un bruit, et voici, il se fit un mouvement, et les os s'approchèrent les uns des autres. Je regardai, et voici, il leur vint des nerfs, la chair crût, et la peau les couvrit par-dessus ; mais il n'y avait point en eux d'esprit.

Il me dit : Prophétise, et parle à l'esprit ; prophétise, fils de l'homme, et dis à l'esprit : Ainsi parle le Seigneur, l'Éternel : Esprit, viens des quatre vents, souffle sur ces morts, et qu'ils revivent ! Je prophétisai selon l'ordre qu'il m'avait donné. Et l'esprit entra en eux, et ils reprirent vie, et ils se tinrent sur leurs pieds ; c'était une armée nombreuse, très nombreuse.

(*Ézéchiel*, XXXVII, 1-10.)

Le second Ésaïe, au contraire, est vraiment de la grande lignée prophétique, toute idéaliste. Ses poésies enflammées sont une suprême efflorescence du vieil arbre d'Israël. Il est le contemporain de la délivrance ; il salue d'avance en Cyrus l'exécuteur des hautes œuvres de l'Éternel sur la Babylone idolâtre et impie. Les promesses des prophètes vont se réaliser comme leurs menaces se sont réalisées autrefois. Dieu choisit ses moyens d'action comme il lui plaît : Assyriens, Babyloniens n'ont été que les instruments de sa légitime colère contre le peuple infidèle. Mais maintenant une élite, purifiée par l'épreuve, ayant expié par ses souffrances les péchés du peuple tout entier, va servir de noyau à la restauration d'un Israël renouvelé, épuré, incarnation de la justice, de la sainteté, de la pureté morale. Personnifiée dans « le serviteur de l'Éternel[1] » elle groupera les enfants dispersés d'Israël autour de la

---

1. C'est surtout dans les fragments relatifs au « serviteur de l'Éternel » que l'exégèse traditionnelle a vu la préfiguration du Christ. Il suffit de lire les textes sans idée préconçue pour s'assurer qu'ils ne contiennent rien de semblable. Il est dit à mainte et mainte reprise de la façon la plus formelle que le « serviteur de l'Éternel », c'est le peuple fidèle lui-même ; voyez p. ex. : XLI, 8 (toi, Israël, mon serviteur ») ; XLIV, 1, 2, 21 ; XLV, 4 ; XLIX, 3, etc. Cette personnification permet au prophète de parler du « serviteur » comme s'il s'agissait d'une individualité ; mais il faut fermer les yeux à l'évidence pour s'imaginer qu'il s'agit d'une personne réelle. Nulle part il n'est question d'un Messie.

montagne sainte, sous la houlette pacifique d'un rejeton de David, et fera rayonner sur la terre l'adoration du Dieu unique et le culte tout moral qu'il réclame. La mission du peuple de l'alliance a été d'être le témoin de Dieu dans le monde ; un âge idéal de félicité, de paix et de justice, surgira, où le sanctuaire de l'Éternel rayonnera sur le monde et le peuple fidèle sera la lumière des nations :

Voici, mon serviteur prospérera ;
Il montera, il s'élèvera, il s'élèvera bien haut..
De même qu'il a été pour plusieurs un sujet d'effroi,
Tant son visage était défiguré,
Tant son aspect différait de celui des fils de l'homme,
De même il sera pour beaucoup de peuples un sujet de
[joie.

. . . .
Il s'est élevé devant lui [l'Éternel] comme une faible
[plante,
Comme un rejeton qui sort d'une terre desséchée ;
Il n'avait ni beauté, ni éclat pour attirer nos regards,
Et son aspect n'avait rien pour nous plaire.
Méprisé et abandonné des hommes,
Homme de douleur et habitué à la souffrance,

De même « le Saint d'Israël » n'est pas un homme, mais Dieu lui-même ; voyez : XLIII, 3, 14 ; XLV, 11 ; XLVIII, 17 ; LIV, 5 ; LX, 14, etc.

Semblable à celui dont on détourne le visage,
Nous l'avons dédaigné, nous n'avons fait de lui aucun cas.
Cependant il a porté nos souffrances,
Il s'est chargé de nos douleurs ;
Et nous l'avons considéré comme puni,
Frappé de Dieu et humilié.
Mais il était blessé pour nos péchés,
Brisé pour nos iniquités ;
Le châtiment qui nous donne la paix est tombé sur lui,
Et c'est par ses meurtrissures que nous sommes guéris.
Nous étions tous errants comme des brebis,
Chacun suivait sa propre voie ;
Et l'Éternel l'a frappé pour l'iniquité de nous tous.

. . . .

Après avoir livré sa vie en sacrifice pour le péché,
Il verra une postérité et prolongera ses jours ;
Et l'œuvre de l'Éternel prospérera entre ses mains.
Délivré des tourments de son âme, il rassasiera ses regards ;
Par sa sagesse mon serviteur juste justifiera beaucoup d'hommes,
Et il se chargera de leurs iniquités.
C'est pourquoi je lui donnerai sa part avec les grands.

(*Ésaïe*, LII, 13-15 ; LIII, 2-6 ; 10-12.)

Puis, après une magnifique description du bonheur qui attend l'Israël régénéré, le prophète étend sa vision sur tous les peuples de la terre :

Et les étrangers qui s'attachent à l'Éternel pour le servir,
Pour aimer le nom de l'Éternel,
Pour être ses serviteurs,
Tous ceux qui garderont le sabbat pour ne point le pro-
Et qui persévèreront dans mon alliance,   . [faner,
Je les amènerai sur ma montagne sainte,
Et je les réjouirai dans ma maison de prière ;
Leurs holocaustes et leurs sacrifices seront agréés sur
[mon autel ;
Car ma maison sera appelée une maison de prière pour
Le Seigneur, l'Éternel parle,   [tous les peuples.
Lui qui rassemble les exilés d'Israël ;   [semblés.
Je réunirai d'autres peuples à lui, aux siens déjà ras-
(*Ésaïe*, LVI, 6-8[1].)

Et ailleurs :

.... C'est peu que tu sois mon serviteur,
Pour relever les tribus de Jacob,
Et pour ramener les restes d'Israël :
Je t'établis pour être la lumière des nations,
Pour porter mon salut jusqu'aux extrémités de la terre,
(*Ésaïe*, XLIX, 6.)

Jamais l'inspiration prophétique ne s'était encore élevée aussi haut. Sans doute l'idée de l'élection du peuple d'Israël subsiste ainsi que la perspective de son triomphe particulier au

1. Ce fragment est attribué parfois à un prophète ultérieur.

milieu des nations. Mais l'universalisme coule ici à pleins flots, comme chez Jérémie ; le salut n'est pas le privilège exclusif du peuple de l'alliance ; celle-ci s'élargit jusqu'à englober les hommes de toute nation et de toute race et les descriptions de la félicité à venir sont pénétrées d'un spiritualisme religieux qui, pour insouciant qu'il soit des contingences de la réalité comme toute la prédication prophétique, ne se perd pas néanmoins dans les rêves du surnaturel. C'est la religion toute morale de Jérémie, celle qui est inscrite dans la conscience et dans le cœur, que le grand anonyme de l'exil projette sur l'humanité entière comme le but suprême de l'histoire du monde. Mais en plus, c'est la notion profonde de la souffrance du juste destinée à sauver la société coupable, qu'il proclame pour la première fois dans l'évolution religieuse d'Israël et peut-être même du monde entier. Le malheur du petit groupe des fidèles restait inexpliqué chez les prophètes antérieurs. Autant, au point de vue de leur foi, les malheurs du peuple de l'alliance paraissaient justifiés par son infidélité religieuse et morale, autant ils étaient impuissants à résoudre le problème angoissant par excellence des souffrances infligées aussi bien au petit groupe des justes qu'à l'ensemble de la nation méchante. Le prophète de l'exil a trouvé dans la notion de la solidarité morale la clef du mystère et c'est par cette intuition grandiose, bien plus que par les prédictions surnaturelles qu'on s'est plu à lui attribuer, qu'il est le véritable précurseur du Christ. Le juste souffre par la faute des injustes ; il porte la peine de leurs fautes, et c'est en souffrant pour la justice qu'il infuse à la société dans laquelle il vit, la sève d'une vie morale nouvelle, seule capable de la sauver des conséquences de ses fautes.

*
* *

Les grandioses prophéties du second Ésaïe ne se réalisèrent pas plus que celles de ses prédécesseurs. La majorité des exilés resta à Babylone. Seuls de petits groupes, plus riches de foi que de ressources, rentrèrent en Judée pour reconstituer la nation de l'Éternel. Le sanctuaire de Jahvéh fut reconstruit sur la montagne sainte à travers de nombreuses tribulations. Peu à peu un peuple se reconstitua grâce aux renforts qui arrivèrent de

Babylone, mais un peuple misérable, soumis à la domination étrangère, sans puissance et sans rayonnement. Comme les ardents jahvistes furent seuls à revenir, ce peuple nouveau, le peuple juif, se composa dès lors uniquement de monothéistes; l'idolâtrie, contre laquelle les prophètes antérieurs à l'exil ont tant lutté, a complètement disparu. Le culte de Jahvéh concentré à Jérusalem règne seul et n'en tolère aucun autre à ses côtés. En l'absence d'un pouvoir civil autonome, la vie nationale se résume de plus en plus dans la profession religieuse; elle gravite autour du Temple restauré; à cet égard la prédication prophétique a obtenu un plein succès. Elle a formé une société qui est une communauté religieuse, une Église plutôt qu'une nation, et elle l'a trempée d'une coulée si puissante qu'aucune force humaine n'a pû dès lors la désagréger.

Mais cette victoire même a écrasé le prophétisme de l'ancien Israël. La prépondérance du Temple, c'est aussi la suprématie du sacerdoce, le règne du culte rituel, c'est-à-dire tout juste le contraire de l'inspiration religieuse qui est l'essence même du prophétisme supérieur. L'alliance jadis contractée sous Josias entre le parti prophétique et le parti sacerdotal de Jérusalem, a profité à ce dernier seul. Au retour de l'exil, il fixe la loi lévitique, subordonne la vie morale à l'accomplissement des pratiques cultuelles, la piété intérieure à la dévotion extérieure, place les institutions nouvelles sous le couvert de l'autorité sacrée d'un code sacerdotal attribué à Moïse et pose l'éteignoir du rite sur la religion de la conscience.

Il y avait, en effet, dans le prophétisme supérieur de Jérémie et des Ésaïes, autre chose encore que la proscription du polythéisme et de l'idolâtrie : la condamnation du culte cérémoniel extérieur, la proclamation de la religion spirituelle qui met bien au-dessus de tous les rites la pratique de la justice et les observances de la pureté morale[1]. Comment les sacrificateurs juifs de Jérusalem auraient-ils fait meilleur accueil à cette prédication que les prêtres de Béthel ? Aussi la parole prophétique s'éteint-elle peu à peu dans le Judaïsme de la restauration. Il y a encore des prophètes après l'exil : Aggée, Malachie, les auteurs des diverses prédications groupées dans la Bible sous le nom de Zacharie et de quelques autres morceaux qui se sont

1. Voir plus haut les citations d'Ésaïe et de Jérémie.

glissés dans les recueils de prophètes plus anciens. Mais l'inspiration n'y est plus ; le grand souffle d'autrefois est épuisé.

La déception a été trop grande. Car le peuple de l'alliance est désormais tout entier fidèle à son Dieu et cependant les promesses rattachées par les prophètes au rétablissement de l'alliance ne se sont pas réalisées. Le peuple de l'Éternel est aussi faible, aussi malheureux que jamais ; aujourd'hui comme hier il est soumis à des puissances impies. Et les siècles passent, les grandes catastrophes se succèdent sur la scène de l'histoire, l'empire perse s'écroule, Alexandre le Grand bouleverse le monde antique, le pouvoir de ce monde se transmet d'un sceptre à un autre ; en dépit de quelques lueurs passagères d'espérance, la situation du peuple de Dieu ne change pas.

Sous le coup de ces expériences réitérées l'ancienne foi prophétique se décompose. Elle ne meurt pas, car ce peuple a la foi chevillée jusque dans les profondeurs de son âme. Mais elle se transforme. Chez les uns elle s'exaspère et cherche un refuge dans les visions fantastiques du surnaturel. Les perspectives idéalistes des grands prophètes d'autrefois ne lui suffisent plus.; il lui faut des drames tragiques, de grands tableaux réalistes des catastrophes surhumaines que la colère divine va déchaîner sur le monde impie, des orgies de l'imagination surchauffée, où les puissances célestes apportent au peuple de Dieu le dénouement sanglant du grand scandale de l'impiété triomphante. Ce sont les *Apocalypses*, héritières en un sens du prophétisme antique, mais héritières dégénérées, en qui le fanatisme national et l'excès de la douleur ont altéré l'inspiration morale et matérialisé les espérances.

Chez les autres, au contraire, l'ancienne foi prophétique se rétrécit et se dessèche dans le culte de la lettre, greffé sur celui du rite. N'ayant plus d'inspiration personnelle, ils se consolent par la lecture des livres sacrés, où ils ont réuni les textes de la Loi et les prédications des prophètes d'autrefois. Ils sont comme ces personnes cruellement éprouvées qui ne vivent plus que dans le souvenir des êtres chers qu'ils ont perdus ; le reste du monde ne semble plus exister pour elles ; elles s'abîment dans la contemplation du passé, dont elles commentent sans cesse les moindres vestiges. Ceux-là font consister leur religion dans l'observance minutieuse des préceptes de la Loi ; ils en raffinent les applications et multiplient les pratiques, convaincus que la réalisation des promesses divines n'est constamment différée que par suite de l'insuffisance des dévotions du peuple fidèle. Ce sont les *pharisiens*, le type immortel des dévots qui lisent la lettre des prophètes sans en saisir l'esprit et que le culte des pratiques religieuses hypnotise jusqu'à leur faire oublier la religion.

D'autres enfin, de petits groupes de « pauvres de l'Éternel » ne savent que se résigner et prier. Ils ne comprennent pas le mystère du plan de Dieu; ils se bornent à croire en lui, en sa souveraineté, en sa justice, en sa bonté. Ils transposent dans l'admirable poésie lyrique des *Psaumes* l'éternelle espérance du petit peuple fidèle et ils trouvent dans la satisfaction intérieure que leur procure leur piété la consolation et le réconfort. Confiants dans l'avenir, assurés que la volonté divine finira par triompher, ils ne se grisent pas de visions apocalyptiques; nourris de la foi de leurs maîtres par la méditation assidue de leurs livres sacrés, ils sont trop sensibles à sa beauté religieuse pour s'enchaîner à la lettre de l'Écriture et à la scolastique de ses commentateurs ; fidèles à ce qui est à leurs yeux la Loi de Dieu, telle qu'elle se lit dans les livres de Moïse, ils ont une expérience trop vive de la piété intime pour s'absorber dans le culte des rites et des pratiques. Ils sont bien réellement le petit peuple de fidèles conçu par Ésaïe, mais ils sont faibles, pauvres, sans force d'expansion. La foi prophétique est latente en eux plutôt qu'agissante. C'est là cependant qu'elle se conserve, en quelque sorte, sous la cendre, jusqu'au jour où elle jaillira de nouveau en la personne du plus grand des prophètes, Jésus de Nazareth, définitivement dégagée du particularisme national juif qui en avait arrêté l'essor même chez les plus généreux des prophètes d'Israël, pour se répandre comme parole de l'Évangile sur le monde entier.

*
* *

Cette rapide esquisse des destinées du Prophétisme hébreu resterait singulièrement incomplète, si nous ne mentionnions pas ici l'action qu'il a exercée en dehors du peuple d'Israël ou de la communauté juive. Ce n'est pas seulement sous la forme de l'Évangile que l'esprit prophétique a rayonné sur le monde;

c'est la parole même des Amos, des Ésaïe, des Jérémie, qui brisa le cercle étroit du petit monde palestinien, lorsqu'elle fut traduite en grec par les Juifs d'Alexandrie, au III° ou au II° siècle avant l'ère chrétienne et se répandit, dans cette langue accessible à tous, par toutes les colonies juives qui, après Alexandre le Grand, essaimèrent autour de la Méditerranée sur le monde antique. Non seulement la prédication prophétique devint dès lors pour la société hellénique une école de monothéisme et de religion morale, qui prépara l'introduction du Christianisme et qui, dans ce milieu plus vaste et plus libre, se dégagea de plus en plus des attaches particularistes juives, trop exclusivement nationales, dont même les Jérémie et les Ésaïe de l'exil n'avaient pas réussi à se délivrer; mais, en outre, elle fut pour les premiers chrétiens eux-mêmes la parole libératrice qui leur permit d'émanciper la religion nouvelle du joug lévitique, ritualiste juif, sous lequel une partie des premiers disciples du Christ, les judaïsants, menaçaient de l'étouffer. Les chrétiens, à leur tour, adoptèrent la Bible juive dans son expression grecque; elle fut leur livre sacré pendant près de 200 ans, avant qu'il y eût un

Nouveau Testament, et elle resta partie intégrante de leur Bible, en tant qu'Ancien Testament, même lorsqu'ils eurent leur propre recueil de livres saints.

La prédication des prophètes d'Israël est devenue ainsi la nourriture spirituelle des milliards de créatures humaines, depuis vingt siècles, qui se sont édifiées à la lecture de la Bible, mais surtout depuis que la Réformation du XVIe siècle a mis le livre sacré entre les mains des fidèles dans des traductions en langue vulgaire accessibles à tous. Il n'y a pas d'écrivains de l'antiquité qui aient été davantage lus et médités. Leur action s'est ainsi continuée jusque dans les temps modernes, surtout dans les pays relevant de la Réforme calviniste, plus pénétrée d'Ancien Testament que la Réforme luthérienne. Qui parviendra jamais à apprécier à sa juste valeur l'importance de cette action chez les peuples anglo-saxons, les seuls où la liberté politique et sociale ait véritablement pénétré dans les mœurs ? Qui dira avec une suffisante exactitude à quel point l'inspiration religieuse des prophètes supérieurs d'Israël a contribué, au sein même des Églises protestantes, à maintenir vivant l'esprit de réforme incessante, en rappelant sans cesse à ces pratiquants de la Bible la supériorité de la religion spirituelle et morale sur la religion du rite ou des pratiques dévotes ? L'esprit des prophètes, la libre inspiration de la conscience se sentant obligée par une force supérieure à braver le prêtre ou le roi pour faire prévaloir la loi divine de justice et de droiture, c'est l'esprit de l'éternelle réforme, individuelle et sociale. Livré à lui seul, il aboutirait peut-être à l'anarchie de l'individualisme intransigeant. Mais comme ferment de progrès et comme puissance de vie morale, il est l'un des facteurs essentiels de l'histoire. Malheur aux peuples qui n'ont pas de prophètes !

Ces grands revendicateurs des droits imprescriptibles de la conscience sont souvent traités d'utopistes par leurs contemporains. A chaque prophétie nouvelle en Israël, il a paru que la réalité infligeait le plus cruel démenti aux assurances des prophètes. Et cependant, pour nous qui voyons les choses de plus loin et de plus haut que ne le pouvaient leurs contemporains, ces grands idéalistes de la vie morale ont eu une intuition plus juste et plus perspicace de la véritable destinée de leur peuple que les détracteurs de leur prétendue folie, en proclamant que sa grandeur, sa fonction providentielle, consistaient à être le témoin du Dieu de justice et de sainteté dans l'histoire. Que reste-t-il aujourd'hui des Philistins, d'Edom et d'Ammon, qui infligèrent à Israël des défaites sanglantes ? Que reste t-il même de Sargon ou de Nabou-koudour-Oussour, qui réduisirent à néant et emmenèrent en exil Israël et Juda ? Rien ou presque rien : quelques pierres. Tandis que les prophètes ont fait de ce petit peuple d'Israël, qui n'était par lui-même rien de plus qu'Edom et qu'Ammon, une des grandes puissances morales de l'histoire, la souche féconde d'où sont sorties les trois grandes religions du monde civilisé : le Judaïsme, le Christianisme et l'Islamisme, et qu'ils parlent aujourd'hui encore à d'innombrables êtres humains, pour lesquels tout le reste de l'antiquité est muet.

LA VIE DE GARNISON

Et la religion des soldats dans l'Empire romain

PAR

M. R. CAGNAT
Membre de l'Institut

Personne n'ignore l'importance que les Romains attachaient à l'établissement des camps légionnaires. Chaque soir, dans les expéditions, ils creusaient, en un lieu choisi avec méthode, suivant des procédés toujours les mêmes, une redoute de terre où ils abritaient leur armée; le soin apporté à l'œuvre était tel que les troupes pouvaient y passer des mois entiers sans qu'il y eût rien à y ajouter dans l'ensemble ni à y retoucher. Quand, après la période des grandes conquêtes, l'occupation militaire d'immenses territoires dans les provinces soumises nécessita le maintien des garnisons permanentes, surtout à l'époque impériale, quand des forces imposantes, légions ou troupes auxiliaires, furent groupées sur les frontières de l'Empire, en face des Barbares toujours menaçants, les camps prirent de grands développements. De redoutes passagères tracées dans le sol et défendues par des retranchements en terre, ils devinrent de véritables forteresses, protégées par des murs épais, flanquées de tours et entourées de fossés, qu'on ne pouvait franchir que sur des ponts-levis. Les fouilles opérées dans toutes les parties du monde romain nous en ont gardé de nombreux exemples, tous à peu près semblables, parce qu'il sont la reproduction, à peine modifiée — pour approprier à des besoins nouveaux la forme antique et traditionnelle — des camps de l'époque républicaine. C'est dans un de ces camps que nous allons pénétrer ensemble tout d'abord; car c'est là que s'écoulait la vie de de ceux dont je me propose de vous entretenir aujourd'hui.

Percée dans la fortification au milieu de la face s'ouvre une porte, généralement à deux baies, l'une pour le passage des piétons, l'autre pour celui des cavaliers et des voitures. Elle est flanquée de deux tours. C'est la porte principale, qu'on appelle porte « prétorienne »; par là nous accédons dans l'enceinte. Devant nous s'étend une rue dallée bordée à droite et à gauche de constructions: la voie prétorienne. Elle traverse tout le camp pour en sortir par une seconde porte, pendant de la porte prétorienne, la porte décumane. Une autre voie est tracée dans le camp, perpendiculaire à la première et aboutissant, elle aussi, à deux portes, celles-ci latérales, l'une à droite, l'autre à gauche. À l'endroit où se coupent les deux voies s'élève un grand monument; les auteurs le nomment *praetorium* : c'est là qu'était établi le quartier général, que se groupaient les services et les bureaux du commandant, que se trouvaient le tribunal où il rendait la justice, la plate-forme où il prenait les augures. Dans tous les exemples que nous possédons, le plan de l'édifice est à peu près constant : il comprend deux cours successives, entourées de petites chambres; la première, plus grande, était souvent établie à un niveau inférieur à celui de la seconde: au fond de celle-ci, dans l'axe de la porte d'entrée, s'élevait une chapelle, bâtie sur cave, le plus important de tous les édifices du camp pour la célébration du culte et des fêtes religieuses, comme vous le verrez par suite. Joignez à cela, répartis çà et là, des bâtiments divers, des bains fort bien aménagés, des baraquements, des magasins de vivres, des arsenaux ; et vous aurez une idée complète de ce que pouvait être un camp permanent à l'époque romaine.

Mais la vie des soldats n'était pas confinée dans cette enceinte ; elle débordait au dehors. Tout autour l'autorité réservait, comme de nos jours, un large espace, pour les servitudes militaires ; si l'on y construisait, c'était pour les besoins ou les plaisirs des soldats ; là, en particulier, on élevait des amphithéâtres où, à certains jours, des gladiateurs donnaient le spectacle de combats singuliers ou de chasses d'animaux sauvages. Plus loin, au-delà de la bande militaire, se constituaient des villages. A l'origine ils n'avaient guère pour habitants que quelques marchands plus entreprenants que les autres, qui n'avaient point hésité à venir s'établir auprès du camp, assurés de trouver dans les soldats une clientèle facile à contenter et ne regardant point à la dépense ; bien vite ces premiers colons s'enrichissaient, transformaient leurs baraques en des magasins plus confortables et mieux approvisionnés ; ils attiraient auprès d'eux des compatriotes, des associés; le bourg se peuplait de leurs familles; ils mariaient leurs sœurs ou leurs filles à des soldats ou à des vétérans qui, au lieu de retourner dans leur pays natal, préféraient se fixer à l'endroit où ils avaient servi si longtemps; et, peu à peu, au village succédait un gros bourg, souvent une ville, rayonnement du camp voisin, qui vivait d'elle et dont elle vivait.

Entre ces deux milieux, étroitement unis bien que très différents, se partageait l'existence des soldats. Ici ils accomplissaient leur service régulier, fidèles à la discipline et soumis aux ordres de leurs chefs; là ils redevenaient presque des civils, du moins pour un temps, et pouvaient se laisser aller à leurs inspirations propres. Cette dualité se constate même dans le domaine religieux. D'un côté ils étaient tenus à un culte militaire officiel, à des cérémonies nettement délimitées; de l'autre ils restaient libres de vénérer des divinités romaines ou étrangères, suivant leurs préférences ou leurs habitudes. Il est impossible de séparer ces deux sortes de manifestations pieuses, de ne point en parler successivement, si l'on veut donner une idée complète de la religion des soldats romains à l'époque impériale.

4

Par leur nature même, les dieux romains n'étaient guère transportables ; ils n'avaient rien de commun avec ces divinités d'essence moins matérielle, connues d'autres religions, qu'on peut adorer partout parce qu'elles n'habitent nulle part ou plutôt parce que l'on ne peut pas dire où elles habitent et que chacun les porte en soi ; eux, au contraire, étaient strictement localisés dans des sanctuaires qu'il fallait de longues cérémonies pour consacrer, d'où l'on ne pouvait les arracher qu'à la suite d'autres cérémonies non moins longues, non moins minutieuses. Comment des dieux de cette sorte auraient-ils pu suivre les soldats en campagne et prendre place dans leurs camps ? Aussi bien l'idée n'en vint-elle à personne. Aux temps anciens, quand il avait quitté sa ville pour marcher à l'ennemi, le légionnaire romain n'avait plus qu'une ressource, s'il voulait rester fidèle à ses croyances habituelles, vénérer de loin son dieu favori et lui promettre, pour son retour, des offrandes ou des statues ; toute adoration effective lui était interdite. Beaucoup plus tard seulement, sous l'Empire, on put honorer dans l'intérieur même des camps permanents quelques divinités de l'Olympe romain ; encore le nombre en était-il restreint ; les inscriptions trouvées dans les fortins jalonnant les frontières ont permis d'en dresser la liste : Jupiter Optimus Maximus, avec ses compagnes Junon et Minerve, Mars, Hercule, auxquels il faut ajouter certaines entités, chères aux Romains de cette époque, et qui, de près ou de loin, ont une relation avec l'armée : la Victoire, la Fortune, l'Honneur, le Courage, la Discipline. Il est naturel qu'on ait également élevé, dans ces enceintes, des autels aux divinités protectrices de chaque partie de l'enceinte elle-même ou des corps qui y campaient. C'est une croyance romaine que tout endroit, toute collectivité, est sous la puissance d'un « génie » dont il est bon de s'attirer les faveurs. Les soldats adresseront donc leurs vœux au génie du camp, au génie de la centurie, à celui de la cohorte, à celui du magasin aux vivres, à celui du prétoire, à celui de l'hôpital, à celui de la chapelle : de tels êtres divins sont tout à fait à leur place dans les camps, puisqu'ils sont attachés à des constructions qui s'y élèvent.

Mais la grande religion des soldats, celle qui remplaça longtemps toutes les autres et qui resta toujours fondamentale à l'armée, était celle que nous appellerions aujourd'hui la religion du drapeau; les Romains disaient : la religion de l'aigle et des *signa*. « La religion militaire, écrivait Tertullien, est tout entière dans le culte des *signa*; on jure par les *signa*; les *signa* ont le pas sur les autres dieux. » Dès l'origine de l'État romain il exista, vous le savez, des enseignes militaires, marques distinctives des différentes unités tactiques; elles les guidaient en marche ou au combat; les bataillons se groupaient autour d'elles, s'arrêtaient où elles s'arrêtaient, repartaient lorsqu'elles se remettaient en mouvement. Aussi loin que nous remontions dans l'histoire, nous trouvons ces *signa* sous la forme de représentations animales; images de quadrupèdes ou d'oiseaux, portées sur des hampes. Pline l'Ancien nous apprend qu'il y en avait alors cinq catégories différentes : des loups, des chevaux, des sangliers, des minotaures et des aigles. Que ce soit là la preuve du culte très ancien de ces différents animaux par les Romains primitifs, on ne saurait guère en douter; mais est-il possible de préciser davantage à cet égard? Certains l'ont cru; un auteur même, dans un livre récent plein d'idées[1], a avancé qu'on pouvait répartir

---

1. Renel, *Les Enseignes*, p. 73 et suiv.

ces dieux-enseignes entre les différentes fractions constitutives de l'État romain. Le loup aurait été l'emblème particulier du clan auquel appartenaient les fondateurs de Rome, les *Ramnes*; le sanglier pourrait avoir été celui des Sabins; le cheval serait l'emblème des gens d'Albe; le minotaure celui des Campaniens. Quant à l'aigle, on pourrait y voir un emblème sabin qui devint romain quand les deux éléments se fondirent et que l'union se fut faite entre les habitants du Palatin et ceux du Capitole. Qu'on adopte ou non ces conclusions, il reste assuré qu'il exista, durant toute l'époque républicaine, un certain nombre de *signa* à représentations animales de valeur égale; et ceci dura jusqu'au temps de Marius où l'aigle prit le pas sur les autres, devenant l'enseigne unique de toute une légion[1]. L'auteur dont j'ai déjà parlé explique ainsi ce changement : « A ce moment les *signa* distinctifs des anciens clans, qui depuis longtemps se sont fondus dans la légion et y ont perdu toute individualité, deviennent inutiles ou plutôt simplement représentatifs de la légion dans son ensemble, tandis que les autres enseignes (in-

1. Renel, *op. cit.*, p. 196.

troduites depuis peu) répondent respectivement à ses subdivisions tactiques. Mais on n'avait que faire, pour représenter l'unité de la légion, de cinq enseignes animales, d'autant que, depuis longtemps déjà, on ne comprenait plus leur signification, sauf pour ce qui regardait le loup et l'aigle. Aussi lorsqu'une armée romaine entrait en campagne, elle n'emportait que par habitude et par tradition les cinq animaux, aigle, loup, sanglier, cheval et minotaure. A la tête des petites subdivisions ils faisaient double emploi avec les autres *signa* et, comme quintuple représentation de la légion tout entière, ils étaient trop nombreux. On prit donc l'habitude, dans la dernière partie du IIe siècle d'en laisser quatre au camp et de n'emporter avec soi qu'une seule enseigne générale... L'aigle demeure pratiquement le seul *signum* général de la légion et Marius ne fit que reconnaître le fait accompli, lorsqu'il décida officiellement, dans son deuxième consulat, la suppression des quatre autres enseignes. » On pourrait aussi, comme on l'a fait, expliquer la réforme de Marius par des considérations militaires et des raisons tirées de l'organisation légionnaire; mais le fait fondamental reste le même. Cependant l'usage peu à peu s'était créé de *signa* inconnus jusque là et qui subsistèrent sous l'Empire, guidons du manipule ou de la centurie surmontés de mains ouvertes, d'animaux, de victoires, d'images divines, Mars ou Hercule ; pièces d'étoffes tombant en bannières, pour la cavalerie ou les détachements ; quelques-uns même présentant, accrochés à la hampe, des médaillons avec l'effigie impériale. Il ne peut être question ici en détail de ces enseignes multiples ; je dois me borner à noter leur existence et à vous montrer le culte dont ils étaient l'objet.

A l'époque républicaine ou dans les camps de marche, on les déposait à côté de la tente du général et près de l'autel de gazon sur lequel il sacrifiait aux dieux ; dans les camps permanents, dans les forteresses qui abritaient les armées impériales on leur construisait de véritables chapelles au fond de la cour du prétoire, dans l'axe même de la porte d'entrée. C'étaient généralement de petits édifices terminés en abside, des diminutifs de temples, juste assez grands pour abriter ces divinités d'un nouveau genre ; le sous-sol était aménagé en cave ; car on avait coutume d'y déposer, sous la protection des drapeaux, les épargnes des légion-

naires et sans doute aussi la caisse militaire
des corps de troupes ; on les savait plus en
sûreté sous la protection pacifique des *signa*
que sous la garde armée d'un poste de quelques hommes. Aux jours de fête on enduisait
les enseignes de parfums, on leur adressait des
prières, on leur faisait des offrandes et des sacrifices ; comme les statues des dieux, ils assuraient l'inviolabilité à ceux qui les tenaient
embrassés. Lors de la révolte des légions de
Germanie, sous le règne de Tibère, le consulaire Munatius Plancus, venu en députation au
nom de l'empereur, ne put échapper à la mort
qu'en se réfugiant auprès de l'aigle et des
signa de la première légion ; de même Elagabal, menacé par la révolte des prétoriens, se jeta
dans le temple du camp pour y passer la nuit à
l'abri des coups. Dès qu'il se risqua à en sortir,
il fut taillé en pièces par les soldats, qui n'avaient
point osé pénétrer à sa suite dans l'asile qu'il
s'était choisi. Nombreuses sont les pierres que
nous avons conservées avec des dédicaces à
l'aigle sainte et aux enseignes sacrées.

A ce culte du drapeau les soldats en joignirent un autre dès le début de l'époque impériale, celui du maître qu'ils servaient et que

tout le monde se mettait à adorer l'Empereur.
Vous savez, en effet, que dans l'univers entier,
il n'était pas un corps constitué, pas une réunion
d'hommes, pas un individu isolé qui ne se fît
un point d'honneur de rendre un culte à la
divinité soit du prince régnant, soit de ceux de
ses ancêtres que le Sénat avait placés au rang
des dieux. Leur nom était invoqué par les assemblées provinciales, par les municipalités,
par les corporations professionnelles, par les
associations funéraires; on leur construisait
des temples, *Augustea* ou *Caesarea*, on créait
des fêtes en leur honneur, on instituait des jeux
qui portaient leur nom ; car cet hommage
rendu aux empereurs était la forme officielle
du loyalisme à cette époque : « il signifiait,
comme on l'a fort bien dit, attachement au
grand corps dont le prince était la tête, foi en
la primauté de Rome et en l'éternité de son
œuvre, subordination du patriotisme local au
sentiment de solidarité que développait de jour
en jour parmi les peuples, l'habitude d'obéir
aux mêmes maîtres. » Comment les soldats
n'auraient-ils pas été les premiers à donner
l'exemple de l'adoration pour l'empereur;
l'armée n'était-elle pas l'armée de l'empereur

qui la levait, qui la payait, qui la commandait ? les recrues ne prêtaient-elles pas serment de lui obéir en tout ? Un militaire était presque nécessairement un adorateur né du souverain. Aussi les images impériales peuplaient-elles les forteresses. J'ai rappelé plus haut qu'elles étaient accrochées sous forme de médaillons aux enseignes; mais on en rencontrait bien d'autres dans les camps; il y en avait surtout au prétoire, abritées dans une ou plusieurs chapelles qui leur étaient consacrées. Les découvertes faites dans les différentes parties de l'Empire le prouvent abondamment. Lorsqu'on fouilla la caserne d'Ostie où les *vigiles* de Rome détachaient une compagnie pour veiller à la sécurité des docks et éteindre les incendies qui pouvaient y éclater, on rencontra, au fond de la cour centrale une sorte d'estrade où l'on accédait par quelques marches encadrées de deux colonnes. Six piédestaux y étaient rangés, couverts d'inscriptions, qui supportaient jadis les statues des Antonins. Celles qui n'avaient pas pu trouver place dans cet asile avaient été déposées autour de la cour. A Lambèse où campait non plus un détachement, mais toute une légion, les choses étaient plus grandement organisées, du moins à partir du règne de Septime Sévère. Derrière l'édifice que l'on appelle couramment « le praetorium », et qui n'est que l'entrée du monument, s'étendent les deux grandes cours habituelles dont j'ai parlé plus haut. La seconde était complètement entourée de petites chapelles, groupées à droite et à gauche du temple des enseignes; la majorité d'entre elles se termine en absides; toutes étaient consacrées, comme le prouvent les inscriptions qu'on y a recueillies, à la famille impériale; toutes contenaient les images de ses membres, *imagines domus divinae*. Leur multiplicité provient de ce qu'elles servaient de sanctuaires à des associations militaires formées entre les différentes sortes de sous-officiers et d'officiers inférieurs; les trompettes avaient la leur comme les joueurs de cor; et aussi les lieutenants *(optiones)* et les cavaliers, les commis d'état-major et les gardes d'armement; chacun de ces groupements avait fait de sa chapelle une salle de réunion où les membres venaient discuter sur leurs intérêts; car l'autorité impériale leur accordait au IIIe siècle le droit de se former en mutualités, comme nous dirions aujourd'hui; il semble bien, d'ailleurs, autant que nous pouvons le savoir, que ces mutualités s'intéressaient surtout à la sépulture future des associés : leur grande préoccupation était de procurer à leurs héritiers une somme suffisante pour acheter un terrain et y faire élever une tombe convenable. On versait donc un droit d'entrée et des cotisations régulières ; et, en échange, il était assuré à chacun une somme qui variait entre 100 et 300 deniers. Si l'on mourait au service, cet argent servait à votre enterrement ; si l'on arrivait à la vétérance, on le touchait soi-même, sauf à le replacer dans d'autres mutualités civiles dont le but était le même. L'empereur qui versait la solde aux soldats et qui les comblait de gratifications était tout désigné pour devenir la divinité protectrice de leurs sociétés d'assurance.

On se représente aisément, avec un peu d'imagination, l'aspect que pouvaient présenter les cours du prétoire, avec toutes ces chapelles, le jour des grandes fêtes, les guirlandes de feuillage qui en ornaient la porte et les lampes allumées qui les couronnaient ; le va et vient des soldats et des officiers allant adresser leurs prières aux statues impériales ou apporter leurs offrandes, tandis que d'autres se dirigeaient vers le temple des enseignes pour leur rendre un religieux hommage.

Point n'est besoin, au reste, de faire appel à l'imagination ; nous avons un document qui nous dépeint une telle cérémonie ; il est écrit sur un de ces papyrus que l'Égypte aussi féconde que conservatrice nous rend presque journellement. On y lit : « Le jour anniversaire de la naissance de l'empereur Marc Aurèle Sévère Alexandre, Pieux, Heureux, Auguste, le stratège avec le tribun de la cohorte campée à Syène, les centurions, le bénéficiaire, les sous-officiers et les soldats, réunis dans les *principia* et dans le *Caesareum* sacrifièrent aux dieux. Puis les présents habituels ayant été distribués, le stratège adora notre maître l'empereur César Marc Aurèle Sévère Alexandre, Pieux, Heureux, Auguste et Julia Mamaea notre maîtresse Auguste, mère d'Auguste et des armées ; puis, après avoir passé les troupes en revue, il adressa une allocution à la cohorte, honorant les clarissimes préfets du prétoire impérial, le clarissime préfet d'Égypte Metius Honoratus, ainsi que les illustres Maximin et Maxime, son fils. Puis le stratège et le tribun assistèrent à la procession. Enfin, dans le *Caesareum*, il y eut un banquet pour les soldats et les *principales*. »

Nous voici donc au jour de la fête de l'empereur. Dans le moindre village dumon de romain on sacrifie en son honneur ; les soldats de la cohorte auxiliaire qui tient garnison à Syène, en Égypte, célèbrent comme les autres, l'anniversaire du souverain. Ils vont, d'abord, dans les édifices religieux voisins du prétoire pour honorer les dieux militaires que j'ai énumérés plus haut ; les officiers marchent en tête, comme il convient. Aussitôt après cette première cérémonie en vient une autre qui, pour être habituelle, n'en est pas moins impatiemment attendue : on distribue aux soldats, de la part du prince, des gratifications en argent. Le *donativum*, comme on l'appelait, est un de ces usages que les empereurs laissèrent établir par faiblesse et acceptèrent par ambition ; plus d'un lui dut à la fois son élévation et sa mort ; car on n'arrive jamais à contenter l'avidité des foules. En échange, tous, à la suite de leur commandant, s'empressent d'adorer l'empereur et sa mère, qui constituent la famille divine ; ils couronnent leurs statues ; ils sacrifient sur leurs autels, ils supplient les dieux de leur accorder la prospérité. Ceci fait, et comme nous sommes à l'armée, où il faut bien que les choses se passent militairement, nous allons assister à une revue, avec les différents exercices qu'elle comporte, défilé des hommes, simulacres d'attaque ou de défense, mouvements de fantassins ou de cavaliers, après quoi le commandant, à cheval devant le front de la cohorte assemblée, prend solennellement la parole et prononce une belle allocution où il a soin d'unir dans les mêmes éloges, les noms de ses supérieurs, les préfets du prétoire, chefs d'état-major de l'empereur, le préfet d'Égypte, son général en chef, le commandant de la légion d'Alexandrie à laquelle est rattachée la cohorte et son second. Les soldats lui répondent par des acclamations et des souhaits de bonheur. Il reste, pour clore la fête officielle, à promener autour du camp et peut-être même dans les rues de la ville voisine les images impériales, pour les présenter à la vénération publique.

Vient maintenant le tour des réjouissances; la journée s'achèvera par des amusements de toute sorte. A Ostie, dans une circonstance semblable, des *vigiles* avaient tenu à donner à leurs officiers et à leurs camarades le régal d'une représentation théâtrale. Nous en possédons encore le programme :

« Pour le salut et la bonne santé de notre maître Marc Aurèle Sévère Antonin, Pieux, Auguste, et de Julia Augusta, mère de notre Auguste et des camps, Cerellius Apollinaris étant préfet des *vigiles*, Claudius Gnosimus, nommé édile par ses compagnons d'armes, a organisé une représentation avec le concours de :

Cluvius Glaber, premier sujet (archimime).
Caetenius Eucarpus, premier sujet.
Volusius Inventus, niais.
Suellius Secundus, niais.
Lucilius Marcianus, premier sujet.
Flavius Saturninus, bouffon.

Dans un second programme, tout à fait semblable, nous lisons encore le nom d'autres acteurs :

Coretius Verissimus, premier sujet.
Turius Servandus, richard *(pecuniosus)*.
Baebius Luxurius, femme.
Cetenius Eucarpus, comique *(scaenicus)*.
Annius Januarius, comique.
Asinius Ingenuus, bouffon. »

Quand je vous aurai dit que les papyrus égyptiens nous ont justement conservé des scènes de comédies et de mimes qui se jouaient à cette époque et où les plaisanteries ne se caractérisent pas précisément par une exquise délicatesse, je vous aurai donné un aperçu de ce que pouvaient être des représentations militaires dans les camps romains. D'ailleurs, pour nous en faire une idée, il nous suffira de nous reporter à quelqu'une de celles qui se donnent aujourd'hui encore dans nos casernes.

Quand le camp était voisin d'un amphithéâtre, ce qui arrivait plus d'une fois, il n'était pas besoin de recourir à des acteurs improvisés; les soldats, pour un prix minime, se donnaient la joie de voir des gladiateurs s'entre égorger ou des chasseurs de profession poursuivre des fauves dans l'arène.

La fête se terminait, comme doit se terminer toute fête antique ou moderne bien comprise, par un banquet. Les sous-officiers et leurs subordonnés s'y asseyaient côte à côte et les inégalités s'effaçaient pour un temps devant les plats fumants et les gobelets pleins de vin. Il est permis de supposer que, le lendemain, le service reprenait un peu plus tard que de coutume.

Pareilles bombances se produisaient plus d'une fois par année, en différentes occasions. Les plus folles avaient lieu à l'époque des Saturnales. C'était, à Rome, une vieille coutume de célébrer la fête de Saturne ; les familles se seraient bien gardées d'y manquer ; on échangeait alors des cadeaux, bougies de cire, poupées ou gâteaux ; surtout on réunissait dans un grand repas tous les habitants de la maison, même les esclaves, qui, ce jour-là, étaient autorisés à se servir les premiers. On tirait même au sort, parmi les jeunes gens, un roi du festin: investi de sa nouvelle dignité, il commandait à tous et quoi qu'il ordonnât, il fallait lui obéir ; aux uns il imposait, pour les punir d'une maladresse, de se plonger la tête dans l'eau froide; aux autres de se barbouiller de suie ; à celui-ci de chanter, à celui-là de se dire des injures, de danser tout nu, de faire trois fois le tour de la maison avec une des servantes dans les bras ; toutes les habitations résonnaient de cris et d'éclats de rire.

Ces éclats de rire avaient aussi leur écho dans les camps, où l'on célébrait les Saturnales avec le plein consentement des chefs. Je n'en veux pour preuve qu'un autre papyrus assez récemment déchiffré : il contient les comptes d'un soldat romain. D'un côté est écrit son avoir, solde, gratification ; de l'autre ses dépenses ou plutôt les retenues faites sur sa solde par le comptable : 30 drachmes pour la nourriture, 12 pour les souliers, 60 pour le vêtement. Quel n'est pas notre étonnement de trouver un paragraphe ainsi conçu : « Pour la fête des Saturnales au camp — 20 drachmes. » Ainsi, cette solennité était presque devenue une institution officielle.

Ce qui se passait alors, nous le savons par la passion, quelque peu interpolée, il est vrai, d'un certain Dasius, légionnaire de l'armée du Danube, en l'an 303 :

« Les soldats des légions, dit le récit, avaient l'habitude de célébrer chaque année la fête de Kronos. Ce jour-là chacun accomplissait le sacrilège comme un sacrifice. Celui que le sort désignait revêtait un habit royal et marchait à la manière de Kronos en personne, en présence de tout le peuple, avec une dignité impudente et effrontée. Escorté de la foule des soldats, jouissant d'une entière liberté pendant trente jours, il se livrait à des passions criminelles et honteuses et se plongeait dans les plaisirs diaboliques.

Au bout de trente jours la fête de Kronos prenait fin et avec elle la fête votive. Alors, après avoir achevé, suivant le rite, les jeux impies et indécents, celui qui avait joué le rôle du roi venait aussitôt s'offrir comme victime aux idoles immondes, en se frappant de son épée. »

Sans prendre au sérieux la virulence des expressions employées par l'auteur et même l'affirmation de suicide qui termine le passage, on peut tirer de ce texte d'utiles renseignements sur les insanités qui se commettaient alors, sous un prétexte religieux; et l'on comprend qu'un chrétien ait refusé de s'associer à des cérémonies de cette sorte où il pouvait être obligé à chaque instant de faire profession de paganisme.

Ainsi, culte des dieux militaires, des enseignes, des empereurs, telle était la religion officielle des soldats. La religion qu'ils étaient libres de professer hors du camp offre une bien plus grande variété. Ce panthéon laissé à l'initiative de chacun se compose de divinités de toute sorte. En première ligne il faut faire figurer les dieux classiques de l'Olympe, ceux l'on adorait à Rome et dans les villes qui en étaient l'image. C'est là que sont nés, du moins au début de l'empire, la plupart des soldats et des officiers ; ils apportent au camp avec eux les croyances de leur jeunesse, ils continuent à vénérer ce qu'ils ont toujours vu vénérer autour d'eux : Jupiter, le roi des dieux, le souverain du ciel et de la terre avec Junon et Minerve, ses compagnes du Capitole, Neptune, Liber, Pluton, Esculape, Diane et bien d'autres qu'il serait trop long de citer. Mais ce ne sont pas là ceux qui nous intéressent le plus ; nous sommes attirés de préférence par les divinités orientales ou indigènes dont nous retrouvons la trace auprès des camps. Rien n'est plus instructif à cet égard qu'une visite aux environs de Pétronell (autrefois *Carnuntum*), sur le Danube, non loin de Presbourg. Il y avait à cet endroit une immense forteresse occupée par des légionnaires. Deux voies partent de là, l'une vers l'Est, descendant le Danube, l'autre vers l'Ouest, le remontant dans la direction de Vienne. A 300 mètres environ, la première rencontre l'amphithéâtre ; une chapelle lui est adossée. Elle était consacrée à Diane-Némésis. La statue de la déesse, un gouvernail à la main droite, une épée à la gauche, une roue et un griffon à ses pieds gisait encore à terre devant le piédestal où elle a été rétablie ; tout autour on a retrouvé des autels consacrés à Némésis par des centurions légionnaires ; c'est le premier d'entre eux, le primipile qui avait fait les frais de la statue.

Plus loin la route conduit à un sanctuaire de Mithra. On connaît exactement son histoire. En 71 ou 72 l'empereur Vespasien fit réoccuper *Carnuntum* par la légion XV° Apollinaris, qui, depuis huit ou neuf ans, combattait en Orient. Les vides qui s'étaient produits dans les effectifs, pendant cette période, avaient sans doute été comblés par des levées opérées en Asie. Ces recrues, transportées avec leurs compagnons d'armes sur les bords du Danube, ne renoncèrent pas à leurs anciennes croyances ; ils gardèrent le culte du dieu Mithra et lui consacrèrent, au bord du fleuve, une grotte demi-circulaire, qui servit à la célébration des mystères. Quarante ans plus tard, Trajan transporta de nouveau la XV° légion sur l'Euphrate ; mais le culte qu'elle avait apporté à *Carnuntum* avait déjà jeté des racines dans le pays ; les légions et les détachements qui la remplacèrent se laissèrent gagner à l'attrait de cette religion captivante et lui fournirent des prosélytes. C'est ainsi que Mithra continua d'être adoré par les soldats de la forteresse, quel que fût, d'ailleurs, leur pays d'origine.

Si, au contraire, au lieu de nous diriger vers l'Est, nous sortons du camp par la porte de l'Ouest, à mi-route avant d'arriver à la ville ancienne, nous rencontrerons un autre sanctuaire, né également de la dévotion militaire. Là régnait le Baal de Doliche, en latin *Jupiter Dolichenus*. Le dieu y figurait, suivant l'usage, en costume de guerrier romain, la tête coiffée d'un bonnet phrygien, la hache bipenne à la main et debout sur un taureau. La chapelle remonte au temps de l'empereur Commode ; un centurion de la légion Xe Gemina et sa femme l'avaient bâtie pour y honorer un dieu qui leur était cher ; et depuis, les soldats et les officiers qui partageaient leur croyance venaient y déposer leurs offrandes et leurs vœux. Le mur en était mitoyen d'un second *mithraeum ;* car il y en avait jusqu'à trois à Carnuntum. Ailleurs nous trouvons un autre sanctuaire, dédié encore à un Baal Syrien, celui d'Héliopolis, *Jupiter Heliopolitanus*. N'y a-t-il pas quelque chose de touchant dans cette abondance de divinités asiatiques, groupées autour de la forteresse ? Ces

Orientaux transportés pour vingt ans et plus dans un pays où tout leur était étranger trouvaient dans ces souvenirs de la terre natale un appui et un réconfort. Sans doute ils sentaient le besoin de se concilier le Seigneur dont ils avaient appris dans leur enfance à redouter la colère; mais surtout ils voyaient dans les cérémonies de son culte une occasion de se retrouver entre compatriotes et de vivre, pendant quelques instants, dans l'atmosphère et dans l'illusion de la patrie absente.

Même constatation peut se faire, à Lambèse, pour la légion IIIe Auguste. Là aussi, on adorait dans quelques petites chapelles voisines du camp Mithra, Jupiter Dolichenus, Jupiter Heliopolitanus ; il existait même un temple d'Isis et de Sérapis. En face le sanctuaire d'Esculape, au centre de la ville importante qui s'était bâtie sur la colline voisine du camp, on voit une avenue bordée à droite et à gauche de petits édicules ; tous sont consacrés à des dieux assez obscurs, protecteurs des dévots qui avaient élevé le monument. L'un est fait en l'honneur de *Medaurus* — c'était le génie qui veillait sur la ville de Risinnium en Dalmatie, — un autre en l'honneur des sources de Sinuessa dans le Latium.

Je pourrais multiplier les exemples ; j'en augmenterais le nombre sans en augmenter la valeur. Ceux que je vous ai cités vous montrent très nettement la part faite dans la religion des soldats romains à la dévotion individuelle. Vous le voyez, l'État leur imposait un culte officiel, exclusivement militaire, surtout celui du drapeau et de l'empereur ; mais, en dehors, il leur permettait toutes les pratiques religieuses ; c'était là une tolérance absolue ou, si vous préférez, une indifférence complète. Vous savez, d'ailleurs, que cette indifférence faisait partie des grands principes reçus chez les Romains ; les dieux de l'Olympe ne sont pas exclusifs et fréquentent volontiers leurs collègues de tous les pays, à condition que ceux-ci agissent de même à leur égard. Les relations ne se tendent que du jour où ils se heurtent à l'intolérance de divinités rivales. De là naquirent leur querelle avec le Christ et ses fidèles ; elles se produisirent à l'armée aussi bien que dans la vie civile. Les soldats chrétiens restaient libres de suivre leur religion, mais à la condition de rendre à César et à ses enseignes ce qui leur appartenait. Il semble bien que ce partage fut consenti par les intéressés pendant longtemps ;

le premier exemple connu qui nous montre le choc des deux religions ne remonte pas plus haut que le début du IIIe siècle ; encore l'acte du soldat que je vais vous citer, nous paraît-il plus voisin de l'exaltation que de la foi véritable.

En 209, à l'occasion de l'avènement à l'empire de Caracalla et de Géta, associés à leur père Septime Sévère, on faisait, au camp de Lambèse, une distribution solennelle d'argent, un *donativum*. Chaque homme devait s'avancer, couronné de lauriers, suivant l'usage, vers le tribun chargé de la distribution. Soudain, on murmure dans les rangs : on rit, on pousse des cris ; on se montre du doigt un soldat qui au lieu de porter sa couronne sur la tête la tenait à la main, au mépris des règlements. Quand il arrive devant le tribun, celui-ci l'interroge : Pourquoi cette tenue ? — Je ne dois pas faire comme les autres. — La raison ? — Je suis chrétien. Les officiers décident de le traduire devant le commandant. Mais lui, sans attendre les ordres, jette son manteau, sa couronne, son épée et va en prison. C'était refuser le service ; il fut condamné à mort.

Vous le voyez, il s'agissait là moins d'un

acte religieux réellement incompatible avec la foi chrétienne que d'une cérémonie comme chaque jour en ramenait dans les camps. Mais le soldat était un croyant intransigeant, qui se disait comme Tertullien, qui se fit son apologiste : « Il n'y a pas d'accord possible entre le serment divin et le serment humain, entre l'étendard du Christ et l'étendard du diable, entre le camp de la lumière et le camp des ténèbres : une âme ne peut se vouer à deux maîtres, à Dieu et à César. » A ce compte une grande partie des militaires auraient refusé ou abandonné le service.

Il n'en fut pas tout à fait de même à la fin du IIIe siècle. La situation sous Dioclétien devint beaucoup plus délicate pour les chrétiens incorporés à l'armée; on leur demanda des actes de loyalisme qu'ils regardaient, avec raison, comme incompatibles avec leurs croyances; eux-mêmes soulevés par l'ardeur du sacrifice qui fit alors tant de martyrs volontaires, on peut le dire, cessèrent de se prêter aux demi-mesures acceptées facilement jusque là : ils furent persécutés comme les autres. C'est de cette époque que datent les passions militaires que nous avons conservées, celles de Maximilien en 295, de Marcel en 298, de Marcien et Nicandre en 302. Tous refusaient le service pour ne pas être exposés à sacrifier aux dieux.

La situation était sans issue pour les chrétiens comme pour l'État. Constantin la dénoua en se convertissant au christianisme et en publiant l'édit de Milan. Avec lui cessa l'antagonisme entre la religion militaire et la religion civile; la croix alors apparut sur les enseignes à côté des médaillons impériaux : les troupes les confondent dorénavant dans un même culte. Par lui se réunirent et se combinèrent les deux éléments, officiel et privé, entre lesquels s'était partagé jusque là la vie religieuse des soldats. Il n'y eut plus dès ce moment pour eux une religion militaire et une religion civile; il n'y eut qu'une seule religion, celle du Christ.

12 février 1905.

L'INITIATION MITHRIAQUE

PAR

M. G. LAFAYE

Professeur-adjoint à la Faculté des lettres.

MESDAMES, MESSIEURS,

Le culte du dieu Mithra, venu d'Orient comme le christianisme et à peu près à la même date, lui a fait dans l'empire romain une concurrence redoutable qui a duré plusieurs siècles. Renan a écrit : « Si le christianisme eût été arrêté dans sa croissance par quelque maladie mortelle, le monde eût été mithriaste. » Un savant belge, auquel nous devons une très belle et très équitable histoire de ce culte, M. Franz Cumont, estime que vers le temps des Sévères, environ deux cents ans après la naissance du Christ, il y avait dans l'empire plus de mithriastes que de chrétiens[1]. Nous savons assez bien aujourd'hui comment

1. Franz Cumont, *Textes et monuments figurés relatifs aux mystères de Mithra*, 2 vol. in-4°. Bruxelles, Lamertin, 1896-1899.

il faut expliquer cette conquête extraordinaire, d'où elle est partie, jusqu'où et par quels moyens elle s'est étendue. Le culte de Mithra, originaire de la Perse, a commencé à envahir l'Occident un peu avant Auguste; en réalité son œuvre de propagande n'est devenue active qu'au premier siècle de notre ère et son apogée date du troisième. Il a été répandu par les Orientaux qui servaient dans les armées, surtout dans les corps auxiliaires; les monuments qui attestent sa présence abondent dans les vallées du Rhin et du Danube; nulle part ils ne sont aussi communs que le long des frontières, là où étaient massées les troupes destinées à contenir les peuples barbares. Les adorateurs de Mithra le considéraient tantôt comme le Soleil, tantôt comme le fils du Soleil, et peut-être dans leur imagination ces deux personnes divines n'en faisaient-elles qu'une seule. Mithra avait appelé tous les êtres à l'existence par un sacrifice miraculeux dont ses monuments nous offrent la représentation : à l'origine des temps il n'y avait à la surface de la terre qu'un taureau, d'une beauté et d'une force incomparables; Mithra l'avait égorgé, et du corps de cette victime étaient sortis immédiatement tous les végétaux et tous les êtres animés qui couvrent notre planète. La scène de l'immolation du taureau forme le sujet d'une quantité de bas-reliefs qui décoraient la partie principale des sanctuaires de Mithra ; c'était le tableau symbolique par excellence, celui qui résumait aux yeux des initiés toute la doctrine de ses mystères. Vous en pouvez voir au Musée du Louvre plusieurs exemplaires, dont un, de très grandes dimensions, provient du Capitole de Rome[1]. Le Musée Guimet en possède un autre, trouvé aussi en Italie[2].

Quoique toute cette histoire soit aujourd'hui assez bien établie, il s'en faut de beaucoup que notre curiosité n'ait plus rien à désirer. Nous sommes encore loin d'avoir levé entièrement le voile dont les prêtres de Mithra ont enveloppé ses mystères. Nous connaissons la série des grades établis entre les initiés, les titres qu'on leur donnait ; nous savons mal en quoi consistaient les épreuves imposées aux néophytes, les cérémonies de leur consécration et ce que chacune d'elles représentait dans leur esprit ; en un mot le rituel nous échappe. Évi-

---

1. Sculpture antique, salle des Saisons, n° 569.
2. Au second étage, salle des Antiquités égyptiennes.

demment il tournait tout entier autour du problème de la vie future et des rapports de l'homme avec la divinité après la mort : c'était là le fond commun de tous les cultes mystérieux. Il est certain encore qu'on promenait l'initié à travers le monde souterrain, figuré par un décor impressionnant. Lucien, avec son ironie coutumière, a tracé un tableau fort amusant de cette descente aux enfers[1]. Étant né lui-même dans la Commagène, où le culte du dieu perse a été en grand honneur, il ne pouvait manquer de le connaître fort bien. Il a placé la scène à Babylone ; le philosophe grec Ménippe, dégoûté de toutes les doctrines humaines, s'est remis entre les mains d'un vieux mage, nommé Mithrobarzane, pour que celui-ci le conduise tout droit dans l'autre monde et lui révèle enfin le grand secret de notre destinée. « Notre homme, dit Ménippe, me prend avec lui et pour me préparer il commence par me laver pendant vingt-neuf jours, depuis la nouvelle lune, me faisant descendre au bord de l'Euphrate dès l'aurore ; là il adressait au soleil levant une longue prière, où je n'entendais pas grand'chose. Car, tel

---

1. Lucien, *Ménippe ou la Nécyomancie*, 6, 7 et chapitres suivants.

que les mauvais hérauts des jeux publics, il parlait avec volubilité et d'une manière obscure. Toutefois il paraissait invoquer certains dieux. Après son invocation il me crachait trois fois au visage, et je m'en retournais, sans regarder aucun de ceux que je rencontrais. Nous avions pour nourriture les fruits des arbres, pour boisson du lait, de l'hydromel, de l'eau du Choaspe, et pour lit le gazon à la belle étoile. »
Si l'on retranche de ce récit les détails plaisants qu'y a ajoutés la verve satirique de Lucien, on aura un tableau assez exact des purifications qui en effet précédaient le grand jour de l'initiation. Ménippe descend ensuite aux enfers avec son guide ; c'est probablement ce même voyage souterrain que faisaient en imagination les fidèles de Mithra lorsqu'ils se vouaient à son culte. Nous ne les y suivrons pas ; ce qu'ils pouvaient y voir, nous le devinons suffisamment par les descriptions des poètes.

Mais ils avaient fait aussi dans leurs croyances et dans leurs rites une place importante à une idée beaucoup moins commune, et qui a une autre source ; c'est que les âmes de ceux qui ont bien vécu montent au ciel. Cette conception de la vie future dans l'antiquité classique ne vient ni du peuple, ni de la poésie; elle est l'œuvre des philosophes. Elle apparaît d'abord chez Platon, à la fin de sa *République*, dans le mythe de Er l'Arménien, puis chez Cicéron, dans son fameux *Songe de Scipion*. L'imagination populaire avait toujours placé sous la terre le séjour des bienheureux; les Champs-Élysées faisaient, comme le Tartare, partie des enfers. Les philosophes assignèrent aux âmes pures une autre demeure : la région des astres ; aucune secte ne s'employa avec plus d'ardeur à en montrer la route que le stoïcisme, surtout ce néo-stoïcisme, qui, ayant fait alliance avec les disciples de Pythagore, eut par son enseignement exotérique tant d'action sur les esprits vers le commencement de notre ère. Pour les stoïciens, l'âme, émanation du souffle igné qui anime les astres, doit y retourner, si elle est exempte de toute souillure; comme eux elle est d'essence divine; en se mêlant à eux de nouveau elle retrouvera pour toujours sa vraie nature; c'est là que l'attend l'immortalité. Que cette doctrine ait été enseignée dans le culte de Mithra, c'est ce qu'on pouvait supposer depuis longtemps. Un document nouveau vient de nous en donner la preuve. Il s'agit d'un papyrus magique, provenant d'Égypte, aujourd'hui conservé à la Bibliothèque Nationale de Paris ; il date du commencement du quatrième siècle, à peu près du temps de Dioclétien ; au milieu de recettes magiques comme on en trouve beaucoup ailleurs, il contient un morceau tout à fait singulier : c'est une suite de prières et de conseils à l'usage des fidèles de Mithra qui veulent par l'initiation gagner le ciel promis à ses élus. Ce texte très curieux n'avait pas échappé à M. Cumont ; il en avait même donné quelques extraits. Mais il s'en défiait pour plusieurs raisons faciles à comprendre. Le papyrus de Paris a été écrit en Égypte, dans un pays où la religion nationale, sous sa forme hellénisée, devait faire une concurrence victorieuse au mithriacisme et le pénétrer de son influence. En outre, ce document est d'une très basse époque ; on y peut relever la trace certaine des croyances juives. Enfin des formules magiques, des mots bizarres et inintelligibles hérissent à tout moment le texte. Il semble donc que nous ayons là l'œuvre d'un charlatan vulgaire qui puisait de tous côtés dans les cultes les plus divers la matière de ses élucubrations fantastiques ; il serait téméraire de chercher dans ce

« charabias triple » les véritables dogmes du mithriacisme. Aux arguments invoqués par M. Cumont un savant allemand, M. Dieterich, en a opposé d'autres qui ont paru décisifs à beaucoup de juges exercés[1]. Si la magie joue dans ce morceau un rôle si important, c'est qu'en effet elle avait un lien étroit avec les pratiques du culte de Mithra; ce qui serait téméraire, ce serait d'attribuer au rédacteur du papyrus les passages où elle intervient. Quant à l'influence du judaïsme elle n'est pas douteuse; mais elle apparaît seulement dans un morceau qui fait suite au texte mithriaque. Celui-ci est d'une date plus ancienne que le reste; il peut remonter au second ou au troisième siècle. M. Dieterich l'a donc isolé des parties plus récentes, il l'a édité à part et l'a commenté avec une grande richesse d'érudition, en s'efforçant de montrer, non seulement qu'il s'explique fort bien par ce que nous savons du mithriacisme, mais encore qu'il explique souvent des détails obscurs ou incompris. Il l'appelle une *Liturgie mithriaque*[1]. Le titre semble un peu disproportionné avec le sujet; nous n'avons point ici

1. *Eine Mithrasliturgie*, erläutert von Albrecht Dieterich; 1 vol. in-8°. Leipzig, Teubner, 1903.

une exposition générale de tous les rites mithriaques, pas même de ceux qui se rapportent à l'initiation ; il ne s'agit en réalité que du plus haut degré, et encore est-il moins question des rites proprement dits que du mystère auquel ils se rattachent. Mais le morceau est vraiment curieux ; ce qui en fait l'unité, c'est qu'il dévoile le mythe suprême de la doctrine : l'ascension de l'âme vers le ciel.

***

L'auteur grec suppose que l'initié, après avoir passé par les premiers grades, aspire au titre d'*Aigle*, le plus relevé et le plus honorifique de tous ; il s'est présenté dans le temple et là se passe une sorte de drame sacré dont il est l'acteur principal. Chaque mot du texte peut s'entendre d'une âme que la mort a dégagée des liens terrestres ; ce voyage que l'initié va entreprendre vers les régions d'en haut, il le fera un jour en réalité, quand sa vie aura pris fin, mais on le lui fait faire tout de suite en imagination. Il est probable que le drame était précédé d'un simulacre de funérailles ; puis l'initié était conduit sur un chemin du ciel, dont les stations, décorées de statues et de peintures, correspondaient aux descriptions du texte. Le prêtre consécrateur de l'initié, son « père » spirituel, lisait dans le livre sacré une prière, dont le texte était censé avoir été rédigé, à l'origine des temps, par un prophète inconnu, le premier en date de tous les Aigles, lorsqu'il avait célébré la première consécration. Ainsi l'institution du sacrement remontait par une tradition ininterrompue jusqu'à Mithra lui-même. C'est cet antique prophète qui parle dans le livre ; il s'adresse à une personne divine, qui n'est qu'une des faces de Mithra, et qu'il appelle « Providence-Fortune » ; nous l'appellerions la grâce.

Assiste-moi, Providence-Fortune ; je vais mettre par écrit les plus grands mystères qui puissent être révélés ; [souffre que j'assure] une vie éternelle à mon unique enfant ; il est digne entre les initiés de partager les pouvoirs que le grand dieu Soleil Mithra m'a transmis par son archange, quand il a voulu que moi, l'Aigle, j'entre seul au ciel et contemple toutes choses.

Vient ensuite une prière destinée à être lue ou récitée par l'initié lui-même avant qu'il se mette en route pour le grand voyage. Son corps va se résoudre en ses éléments constitutifs, l'air, le feu, l'eau et la terre ; son âme, délivrée de la nécessité qui pesait sur elle, c'est-à-dire de la condition mortelle, va s'élancer dans l'espace ; elle va pouvoir contempler enfin l'Être des êtres, elle verra face à face Éon, le Temps infini.

Voici la formule d'invocation :

Première origine de mon origine, premier principe de mon principe, premier souffle du souffle qui m'anime, première flamme de ma flamme, mise en moi par un dieu pour fondre ensemble les éléments de mon être, eau, première source de l'eau qui est en moi, terre, matière première de la terre dont je suis formé, éléments de mon corps, à moi un tel, fils d'une telle, façonné par un bras auguste et une main droite incorruptible dans le monde des ténèbres et de la splendeur, dans le monde animé et inanimé : Veuillez me rappeler à la vie et me dégager des liens que m'impose ma nature, afin qu'après la nécessité présente qui pèse sur moi je puisse contempler le principe immortel avec le souffle immortel, l'eau immortelle, la matière solide et l'air, afin que je sois régénéré par l'esprit, afin que je sois sanctifié et que le souffle sacré puisse souffler en moi, afin que j'admire le feu sacré, afin que je contemple l'eau insondable, effroyable de l'Orient, et que je sois entendu de l'éther fécond qui nous enveloppe; car moi qui suis né mortel d'un sein mortel, je dois aujourd'hui, amélioré par une force toute puissante et une main droite incorruptible, voir avec des yeux immortels, avec un esprit immortel, l'immortel Éon, le maître des couronnes de feu, après avoir été sanctifié par de saintes sanctifications ; la sainte puissance de mon âme humaine commence à renaître ; je la recouvrerai quand aura pris fin la nécessité amère, inexorable qui pèse en ce moment sur moi un tel, fils d'une telle, selon la décision immuable du dieu ; car je ne puis, étant né mortel, monter au milieu des splendeurs, éclatantes comme l'or, de la lumière éternelle. Demeure, nature corruptible des mortels, et quitte-moi tout de suite, quand aura pris fin la nécessité inexorable qui pèse sur moi.

Sans parler des mots mystérieux et baroques, que je supprime, il y a dans cette prière, tout inspirée de la doctrine stoïcienne, des répétitions voulues, des éjaculations comme on en trouve dans tous les écrits mystiques. Il faut vous attendre à trouver dans ce qui suit beaucoup de fantasmagorie, puis par instants des accents d'une véritable noblesse. C'est tantôt Cyrano de Bergerac en route vers la lune et tantôt Épictète ou Marc-Aurèle. L'initié s'élève dans les airs ; la région la plus voisine de la terre est déjà peuplée des dieux visibles aux yeux de l'homme, c'est-à-dire peuplée d'astres. Il rencontre aussi les Vents, représentés par deux tuyaux de soufflet qui sortent du soleil, dirigés l'un de l'Est à l'Ouest, l'autre en sens contraire. Pour se faire reconnaître des personnages redoutables placés sur sa route et pour se concilier leur bienveillance il a plusieurs moyens qu'il doit employer à tour de rôle, suivant le cas : réciter les prières et les mots magiques, siffler, faire claquer sa langue ou observer un silence complet ; les vertus surnaturelles de ces procédés ont été de tout temps considérées comme certaines dans les cultes anciens :

Attire en toi le souffle des rayons [du soleil] en aspirant trois fois aussi fort que tu pourras et tu te sentiras devenu plus léger et soulevé de terre, en sorte qu'il te semblera être au milieu des airs. Tu n'entendras plus rien, ni homme ni bête ; tu ne verras plus rien des choses mortelles de la terre à cette heure-là, mais tu verras toutes les choses immortelles. Car tu verras en ce jour et à cet heure l'ordre divin, les dieux qui président aux révolutions du jour monter vers le ciel et les autres en descendre et la route des dieux visibles, à travers le disque du dieu, mon père, t'apparaîtra. Tu verras aussi apparaître ce qu'on appelle le tuyau, origine du vent qui sera alors de service. Car tu verras comme un tuyau suspendu au soleil ; il s'étendra indéfiniment vers les régions de l'ouest, comme le vent d'est ; si l'autre tuyau est dirigé vers les régions de l'est, tu

6.

auras le même spectacle en sens contraire. Tu verras les dieux regarder de ton côté et s'avancer vers toi. Mets aussitôt l'index sur ta bouche et dis : *Silence, silence, silence !* mot de passe du dieu vivant impérissable. *Protège-moi, silence !* Ensuite siffle longuement, puis fais claquer ta langue et dis : *(mots mystiques)* et alors tu verras les dieux te regarder avec bienveillance et cesser de s'avancer contre toi, mais s'en aller à leurs affaires.

Lorsque tu verras le monde d'en haut serein et désert, et qu'aucun des dieux ni des anges ne s'avance, prépare-toi à entendre le fracas retentissant du tonnerre, au point que tu en seras épouvanté. Alors dis de nouveau : *Silence ! silence !* Prière : *Je suis une étoile qui parcourt sa carrière avec vous et qui reprend son éclat du fond de l'abîme.* Quand tu auras ainsi parlé, aussitôt le disque du soleil se découvrira.

Après avoir prononcé la seconde prière, où se rencontre deux fois le mot silence et la suite, siffle deux fois et fais claquer ta langue deux fois et aussitôt tu verras des étoiles s'avancer hors du disque du soleil, la plupart avec cinq pointes et remplissant l'air tout entier. Alors dis de nouveau : *Silence ! silence !* et quand le disque du soleil se sera ouvert, tu verras un cercle immense et les portes de feu fermées devant toi.

Voilà donc l'initié arrivé devant la porte du céleste séjour. Là il se trouve en présence du gardien de la porte, Éon, le Temps infini ; il s'agit de le décider à ouvrir. Le passage s'obtient en lui adressant une prière, où il est invoqué, comme dans une litanie, par vingt et une épithètes, toutes composées de mots qui désignent le feu et la lumière. L'initié pourra alors entrer dans la région des sept planètes, représentées par autant de dieux ; mais avant de s'engager sur leur domaine, il doit les invoquer aussi par des mots inintelligibles aux profanes ; ces mots sont formés uniquement des sept voyelles [1], groupées dans un ordre variable.

Aussitôt récite la prière suivante, les yeux fermés : Troisième prière :

Écoute-moi, écoute-moi, moi un tel, fils d'une telle, Seigneur qui as enchaîné avec le souffle [de l'esprit] les clôtures enflammées du ciel, [Seigneur] au double corps, aux feux errants, créateur de la lumière (d'autres disent : portier), [Seigneur] au souffle de flamme, au cœur de feu, lumière aérienne, toi qui aimes le feu, belle lumière, maître de la lumière, corps de feu, qui donnes la lumière, qui sèmes le feu, feu retentissant, feu vivifiant, feu tourbillonnant, lumière vibrante, brandisseur des foudres, gloire de la lumière, toi qui multiplies la lumière, lumière

---

1. Des cinq voyelles *a e i o u*, plus les voyelles longues *ê ô* (η, ω).

enflammée, dompteur des astres, ouvre-moi! Car j'invoque, à cause de la nécessité pressante, amère, inexorable, des noms incompatibles avec la nature humaine, qui n'ont jamais été articulés par une langue humaine, ni par une gorge humaine, ni par une voix humaine, étant immortels et augustes. (Suivent les mots de sept voyelles.) Dis tout cela avec feu et avec souffle, allant jusqu'à la fin une première fois, puis recommençant de même une seconde fois, jusqu'à ce que tu aies nommé d'un bout à l'autre les sept dieux immortels du monde. Quand tu auras tout dit, tu entendras le tonnerre et un grand fracas dans l'air environnant. En même temps tu te sentiras tout tremblant. Alors dis de nouveau : Silence! Prière. Puis ouvre les yeux et tu verras les portes ouvertes et le monde des dieux qui est en dedans des portes, de telle sorte que dans le plaisir et la joie de ce spectacle, ton esprit s'élancera et montera au milieu des airs.

L'initié monte donc encore dans l'empyrée pendant un certain temps. Puis il fait une station, la quatrième, à laquelle correspond une nouvelle prière. Cette fois il se trouve devant le Soleil; et cependant son voyage n'est pas terminé; car le Soleil n'est pas le dieu suprême, malgré les épithètes dont le texte entoure son nom; ou du moins il n'est qu'une personne de la divinité; il est le fils de Mithra.

Dès que tu te seras arrêté, fixe tes regards et attire en toi-même le souffle divin. Quand le repos sera rentré dans ton âme dis : *Viens, Seigneur!* A ces mots les rayons se tourneront vers toi et tu en seras environné. Quand tu auras fait cela, tu verras un dieu jeune, beau, avec une chevelure de feu, vêtu d'une tunique blanche et d'une chlamyde couleur d'écarlate, la tête ceinte d'une couronne de feu. Aussitôt adresse-lui cette salutation enflammée :

Salut, Seigneur, roi tout-puissant, très haut souverain, le plus grand des dieux, Soleil, maître du ciel et de la terre, dieu des dieux; fort est ton souffle, forte ta puissance. Seigneur, si tu le veux bien, envoie-moi au plus grand des dieux, qui t'a engendré et créé, moi qui ne suis qu'un homme, moi un tel, fils d'une telle, né du sein mortel d'une telle et d'une semence qui a été aujourd'hui régénérée par toi; moi qui parmi tant de myriades [d'êtres] ai reçu à cette heure la vie éternelle, suivant la décision du dieu bon et suprême, j'aspire, je demande à t'adorer dans la mesure des moyens humains.

Quand tu auras ainsi parlé, il ira vers le pôle et tu le verras s'avancer comme sur une route.

Nous arrivons maintenant avec l'initié dans une autre région, qui a aussi ses portes, la région des étoiles fixes. Pour y pénétrer, il baise les amulettes dont il a eu soin de se munir au départ, sans doute des figurines, couvertes de signes cabalistiques, des abraxas, comme nous en possédons par milliers dans nos collections. Il doit encore pousser un mugissement : nous savons en effet par un témoignage ancien que des cris d'animaux étaient en usage dans le culte de Mithra. A ce signal apparaissent sept jeunes filles à têtes de serpents, gardiennes des quatre colonnes du monde; suivant l'opinion la plus vraisemblable, elles représentent les sept étoiles de la Grande Ourse.

Regarde [le Soleil] et pousse de tout ton souffle un long mugissement, comme un son de corne, en pressant ton flanc, baise les amulettes et dis d'abord, tourné vers la droite : *Protège-moi !* A ces mots, tu verras les portes s'ouvrir et tu verras venir de l'abîme sept jeunes filles en robe de lin, ayant des têtes de serpents. On les appelle les Fortunes du ciel; elles tiennent des sceptres d'or. Quand tu les verras, adresse-leur ce salut :

Salut, ô vous, les sept Fortunes du ciel, augustes et bonnes jeunes filles, saintes et commensales du ....., très saintes gardiennes des quatre colonnes. Salut, toi la première; salut, toi la seconde; salut, toi la troisième; salut, toi la quatrième; salut, toi la cinquième; salut, toi la sixième ; salut, toi la septième.

Les sept Fortunes ont pour voisins, dans un ordre symétrique, sept jeunes gens, monstrueux aussi, dont la fonction propre est de veiller sur l'axe du monde; on suppose qu'ils représentent les étoiles de la Petite Ourse :

Alors s'avancent sept autres dieux, ayant des visages de taureaux noirs, avec des tuniques de lin et sept diadèmes d'or; ce sont ceux qu'on appelle les maîtres du pôle du ciel; tu dois les saluer également chacun à son tour par son nom particulier.

Salut, gardiens des pivots du monde, saints et vaillants jeunes gens qui faites tourner, sur un seul commandement, l'axe mobile du cercle céleste, vous qui envoyez les tonnerres, les éclairs, les tremblements de terre et les traits de la foudre sur les tribus des impies, à moi qui suis pieux et religieux, la santé, l'intégrité du corps, la force de l'ouïe et de la vue, la paix de l'âme dans les bonnes heures du jour présent, mes Seigneurs, dieux tout-puissants; salut, toi le premier; salut, toi le second; salut, toi le troisième; salut, toi le quatrième; salut, toi le cinquième; salut, toi le sixième; salut, toi le septième.

Enfin voici venir le dieu suprême, Mithra en personne, avec le costume et les attributs que nous lui voyons sur les moments de l'art antique; dans sa main droite il tient l'épaule d'un jeune taureau, évidemment en souvenir du taureau fabuleux qu'il a immolé à l'origine des temps; le texte ajoute que cette épaule représente aussi la constellation Arctos, appelée par les Grecs la Grande Ourse; il y a là une contradiction facilement explicable; car il est clair que les deux traditions n'ont pas la même source; on comprend moins bien que la constellation s'appelle le Taureau ou l'Épaule du taureau, s'il est vrai, comme le prétend M. Dieterich, qu'elle soit déjà représentée par les sept jeunes filles à têtes de serpents. Mais il est probable que l'astrologie égyptienne est venue ici superposer ses théories à celles de la Perse; n'oublions pas que ce texte a été rédigé en Égypte et pour des mithriastes égyptiens; on ne saurait donc s'étonner qu'il porte les traces d'un triple syncrétisme. Quoi qu'il en soit de ce détail, il faut remarquer la prière de la fin; elle ne manque pas de grandeur. L'initié, parvenu aux pieds de Mithra, s'absorbe en lui; il ne fait plus qu'un avec son dieu; il est définitivement régénéré et il entre dans la vie éternelle. Nous l'avons laissé devant les sept jeunes dieux :

Quand ils se seront dressés devant toi, chacun à sa place, regarde en l'air et tu verras venir des éclairs et une lumière éblouissante, la terre tremblera et alors tu verras venir un dieu d'une taille extraordinaire, avec un regard de flamme, jeune, avec une chevelure d'or, portant une tunique blanche, une couronne d'or et des anaxyrides[1], tenant dans sa main droite l'épaule d'or d'un jeune taureau ; cette épaule est l'Arctos, qui fait tourner le ciel dans les deux sens, l'élevant et l'abaissant suivant l'heure. Ensuite tu verras des éclairs sortir de ses yeux et des étoiles jaillir de son corps. Toi aussitôt pousse un long mugissement, en comprimant ton ventre, de manière à surexciter en toi les cinq sens, jusqu'à bout d'haleine ; baise de nouveau tes amulettes et dis :

[*Seigneur, viens vers*] *moi, un tel, reste avec moi dans mon âme, ne me quitte plus, parce que tu as reçu l'ordre* .. †. Regarde le dieu en poussant un long mugissement et salue-le en ces termes : *Salut, Seigneur, maître de l'eau ; salut, souverain de la terre ; salut, monarque de l'air. Seigneur, voici que régénéré j'expire en m'élevant et que m'étant élevé je meurs ; engendré par la naissance, origine de la vie, je suis délivré dans la mort et je poursuis ma route, comme tu l'as institué, comme tu l'as prescrit et comme l'ordonne la loi de ton sacrement.*

⁂

Messieurs, ce document confirme ce que nous savions déjà sur le culte de Mithra, et il précise l'idée que nous pouvions nous faire d'un de

---

1. Large pantalon à la mode orientale.

ses rites les plus importants. C'est un culte essentiellement païen ; il entretient, ou fait même pulluler certaines superstitions étranges qui peuplent les cerveaux de chimères ; tous ses dogmes tendent à identifier la divinité avec les astres. Il est clair que nous avons un violent effort à faire aujourd'hui pour comprendre l'état d'esprit qui a engendré chez les peuples de l'Orient et répandu dans nos contrées une religion avant tout sidérale et cosmogonique. On s'est demandé pourquoi le mithriacisme en Occident n'avait pas survécu au-delà du quatrième siècle ; on en a donné des raisons excellentes ; une des plus fortes peut-être, c'est qu'il ne sut pas mettre les femmes de son côté, maladresse capitale. Pourtant il a eu dans le monde romain un succès très vif, sinon durable, et c'est là surtout ce que nous avons besoin de nous expliquer. Il semble que le texte de notre papyrus, rapproché d'autres sources antiques, nous en fournit utilement le moyen.

On ne peut manquer d'être frappé, malgré tout, du rapport qu'il présente sur quelques points avec la doctrine chrétienne. Ce rapport, les Pères de l'Église eux-mêmes l'ont signalé ; à leurs yeux il suppose chez les mithriastes l'intention formelle d'imiter le christianisme pour en détourner plus sûrement les fidèles. Si nous voulons réserver tous les droits de la vérité, nous pouvons admettre que des contrefaçons de ce genre se sont en effet produites quelquefois au milieu de la concurrence acharnée que se faisaient des religions rivales. Mais l'étude impartiale nous montre aussi qu'il y a eu entre elles des dogmes communs, qui se sont développés simultanément sous l'influence des mêmes causes, et avec d'autant plus de facilité qu'ils avaient le même point de départ. C'est surtout avec les premières hérésies chrétiennes que le culte de Mithra offre des analogies manifestes ; il a des liens de parenté avec les sectes des gnostiques et des manichéens ; mais il ne leur est pas postérieur ; ce sont elles qui dérivent de lui. Il leur a transmis la croyance à la divinité des astres, qu'il tenait lui-même des Chaldéens, et en même temps l'idée que l'âme humaine, régénérée par l'initiation, montait au ciel après la mort pour s'unir aux corps ignés, objets de son adoration. Déjà chez Platon la doctrine de l'ascension de l'âme est attribuée à un Oriental, à Er *l'Arménien*. En somme le culte de Mithra, et c'est là ce qui le condamnait à périr avec le paganisme tout entier, est un culte naturaliste ; vous avez pu remarquer dans notre papyrus l'impuissance de l'auteur à exprimer une idée grande et noble autrement que par des images matérielles. L'âme a beau s'être détachée du corps ; elle est encore un souffle igné, et cette substance, si légère, si subtile qu'on la suppose, tombe encore sous les sens, comme les astres, dont elle participe. Ne parlons point des superstitions qu'elle a emportées dans l'autre monde avec ses amulettes.

Il n'en est pas moins vrai que le culte de Mithra et quelques autres ont fait l'intérim entre le paganisme gréco-romain et l'Église romaine ; ils n'auraient pu remplir ce rôle s'ils n'avaient pas été païens, et c'est ce qu'il y a encore de païen dans leurs conceptions les plus hautes qui en explique le succès ; il est même permis de se demander si à défaut de cette période de transition, où ils sont maîtres, le triomphe de l'Église eût été possible. Mais reconnaissons aussi qu'ils avaient pour séduire les âmes quelque chose de plus que des moyens grossiers et des prestiges de thaumaturges. Une des principales causes auxquelles Mithra a dû ses conquêtes c'est qu'il promettait le ciel à tous les hommes de bonne volonté. Dans le séjour des élus, qu'il place aussi au milieu des astres, Cicéron ne nous montre que les grands citoyens, les chefs d'État, « ceux qui ont sauvé, défendu, agrandi la patrie. » C'est encore, comme le Sénat romain, un lieu aristocratique, destiné surtout à ceux qui ont bien mérité de Rome. Mithra admet dans son paradis tous les hommes, si humbles soient-ils, qui ont bien vécu et obéi à sa loi ; il y a, en effet, dans ses petits conventicules, dont nous avons exhumé les chapelles, des gens de toutes les classes ; on y trouve parmi les dignitaires des soldats et des esclaves. Tous ceux-là, après leur mort, jouiront du bonheur éternel : ils pourront contempler la divinité face à face et lui dire, comme l'auteur de notre papyrus : « Viens en moi, reste avec moi dans mon âme, ne me quitte plus. »

Et maintenant représentons-nous ces Orientaux qui servaient dans les armées romaines à Mayence et à Cologne, ou que les nécessités de leur négoce appelaient à Londres. Comme on comprend leur fidélité au culte du Soleil ! Quel souvenir ces pauvres gens avaient dû garder du ciel de leur pays au milieu des brumes du Nord ! Ils allaient au sanctuaire de Mithra, où ils voyaient représentée au-dessus de leurs têtes la voûte céleste illuminée d'étoiles, et là on leur parlait d'un monde plus beau, où le Soleil et tous les astres devaient briller pour eux jusqu'à la consommation des siècles. Quelles épreuves n'auraient-ils pas subies pour mériter un pareil bonheur ? On a fait une remarque curieuse : c'est que le mithriacisme n'a laissé presque aucun vestige en Grèce et en Asie-Mineure ; il semble avoir été d'autant plus en faveur que l'on s'éloigne davantage des contrées du Soleil. Ne le voyant plus assez souvent à leur gré dans la nature, ces fils de l'Orient l'ont adoré entre les murailles de leurs chapelles, et quand on leur a dit qu'une fois « délivrés de l'amère nécessité présente » ils iraient à lui pour toujours, ils ont dû penser que ce serait vraiment la fin d'un exil : la patrie qu'ils avaient quittée en Orient s'est confondue dans leur cœur avec la patrie céleste.

LA FÊTE DE PÂQUES

PAR

M. Théodore REINACH

Professeur à l'École des Hautes-Études sociales

De toutes les fêtes instituées ou consacrées par le christianisme, Pâques est celle qui a pénétré le plus profondément les habitudes et les sentiments des peuples européens. Seule la fête de Noël rivalise de popularité avec elle. Mais Noël tombe au milieu de l'hiver, quand la nature est comme engourdie sous un manteau de frimas ; chassée du plein air, la fête se réfugie dans l'ombre parfumée de l'église ou se blottit frileuse près du foyer domestique : non seulement la nature n'y participe point, mais elle semble y contredire. Pâques, au contraire, qui survient vers l'équinoxe du printemps, coïncide en Palestine avec le commencement de la récolte de l'orge, dans nos climats avec les premières et vigoureuses poussées de la végétation. L'émotion, née des souvenirs proprement religieux qu'elle évoque, se double ainsi d'une sorte de communion avec la nature renaissante. Quand les Russes et les Grecs, fidèles à la tradition de l'Église primitive, s'abordent dans la nuit du samedi au dimanche de Pâques et s'embrassent sur les lèvres en s'annonçant la grande nouvelle : « Christ est ressuscité », inconsciemment se mêle à l'idée mystique de la résurrection du Sauveur celle du renouveau annuel : la mort est deux fois vaincue. Bien des poètes, depuis Gœthe dans son *Faust* jusqu'à Tolstoï dans *Résurrection*[1], ont cherché à exprimer ce sentiment complexe où, par une rencontre bien rare, fraternisent sans effort l'homme naturel et le chrétien que presque tout Européen renferme en lui. Même le non-croyant, par un effet d'atavisme et d'ambiance, ne peut se soustraire complètement à cette émotion communicative. On pourra, dans un état rigoureusement laïcisé, changer le nom officiel de la fête de Pâques : on ne touchera pas

---

1. *Faust*, 1re partie, scène I. *Résurrection*, 1re partie, p. 69 (trad. Wyzewa).

à l'institution elle-même ; on ne l'empêchera pas de marquer une date annuelle dans la vie intime ou collective de tous et de chacun.

*
* *

Il serait intéressant et piquant de retracer le tableau des usages, si divers suivant les temps et les lieux, dont la fête de Pâques a été l'occasion, de montrer la place prépondérante qu'elle a prise longtemps dans le calendrier civil des peuples chrétiens, celle qu'elle garde encore dans leur calendrier religieux. Mais ce sujet, pour être complètement traité, exigerait de longs développements. Celui que je vous propose est plus restreint, mais plus philosophique. Je voudrais essayer de déterminer l'*origine*, la signification historique et religieuse de la fête de Pâques, partir de l'état de choses actuel pour remonter de proche en proche jusqu'aux commencements les plus nébuleux, montrer comment, à chaque étape de la civilisation, sous les mêmes noms et à peu près à la même date de l'année, cette fête a correspondu à des conceptions différentes et pourtant reliées les unes aux autres par un fil ininterrompu. En un mot, à propos de la fête pascale, c'est un chapitre de l'évolution des idées religieuses que je voudrais présenter en raccourci.

*
* *

Qu'est-ce actuellement que la fête de Pâques chrétienne ? Le dictionnaire de Littré répond sans hésitation : « C'est une fête annuelle en l'honneur de la résurrection de Jésus-Christ. » On ajoute : « Depuis le Concile de Nicée (325), elle se célèbre le premier dimanche après la pleine lune qui suit l'équinoxe du printemps, équinoxe qui a été invariablement fixé au 21 mars, à 6 heures du matin. »

Cette définition est pratiquement et canoniquement irréprochable. Mais, sans parler de la vérité astronomique, dont elle ne tient nul compte, correspond-elle à la vérité historique ? Il s'en faut de beaucoup.

Et d'abord, la fête de Pâques a-t-elle été dès l'origine, dans l'Église chrétienne elle-même, une fête commémorative de la *résurrection* de Jésus-Christ ? Non, elle ne l'est même devenue qu'assez tard. Primitivement la fête avait uniquement référence à la *Passion* de Jésus, c'est-à-dire à la Crucifixion et au séjour dans le tombeau et aux enfers ; le nom de πάσχα désignait même spécialement le jour de la Crucifixion, et l'on tirait de là une étymologie fantaisiste de ce nom : πάσχα ἀπὸ τοῦ πάσχειν[1].

L'ensemble de la fête, qui durait une semaine, était une période de deuil, de contrition, de jeûne[2]. A la vérité, cette semaine lugubre était terminée ou coupée par une célébration solennelle de l'Eucharistie; mais cette cérémonie n'impliquait pas d'allusion à la résurection. La fête de la résurrection est, à cette époque, entièrement inconnue dans plusieurs contrées, et notamment en Asie-Mineure, où le christianisme prit de si bonne heure un vigoureux développement. Là où on la rencontre, cette fête spéciale, dite Ἀνάστασις, ne rentre pas strictement dans la fête de Pâques : Origène la rattache même expressément à la Pentecôte[3]. C'est dans l'Église romaine, et là seulement, qu'un usage différent prévalut : la fête de la résurrection y prit peu à peu une importance majeure; elle fut incorporée à la semaine pascale, reçut elle-même le nom de Pâques, et finalement fut seule à le porter. Grâce à la prépon-

---

1. Tertullien, Irénée, Lactance.
2. τῶν κατὰ τὸ πάσχα νηστευῶν; Eusèbe, *Hist. eccl.*, V, 23.
3. *C. Cels.* VIII, 22.

dérance graduellement acquise au siège de Rome, cet usage romain finit par s'imposer à toute la chrétienté ; l'évolution est achevée au temps de Grégoire de Nazianze, mais elle ne s'était pas accomplie sans de vives résistances, qui se rattachent à un débat chronologique dont nous parlerons plus loin.

En résumé, l'idée de la résurrection du Christ qui est aujourd'hui au centre de la fête chrétienne de Pâques, qui lui imprime son caractère joyeux, lui a été au début totalement étrangère ou n'y était rattachée que par un lien purement extérieur. Par l'importance qu'elle y a prise, la fête du deuil est devenue une fête d'allégresse et de délivrance.

En second lieu, la fête de Pâques peut-elle être considérée comme l'*anniversaire* historique soit de la passion, soit de la résurrection de Jésus-Christ? En d'autres termes, est-il historiquement certain que Jésus ait souffert sur la croix ou ait reparu à ses disciples en un jour de l'année correspondant à la date actuelle de Pâques ?

Cette opinion a été de bonne heure celle de

la chrétienté; elle se fonde sur les textes évangéliques, mais il y a sur ce point une contradiction bien curieuse entre le récit des Synoptiques (Marc, Mathieu, Luc) et celui de l'Évangile selon saint Jean.

D'après les Synoptiques, Jésus célébra le jeudi soir avec ses disciples le souper traditionnel de la pâque juive et, à cette occasion, institua la Cène. Le « souper de l'agneau » se mangeait chez les Juifs le soir du jour où l'on avait sacrifié les agneaux de Pâques, c'est-à-dire le soir du 14 au 15 Nisan, premier mois du printemps[1]. Jésus est arrêté dans la nuit, jugé et exécuté le lendemain, vendredi 15 Nisan. Il passe dans le tombeau la journée du jeudi 16, il apparaît ressuscité le dimanche 17.

Au contraire, d'après saint Jean, le dernier souper de Jésus — où il n'est pas question d'ailleurs de l'institution de la Cène — aurait eu lieu *la veille* du jour où l'on sacrifiait les agneaux, c'est-à-dire le 13 Nisan au soir. L'arrestation se produit dans la nuit du 13 au 14; le lendemain matin (14) les Juifs n'osent pas entrer au prétoire romain, parce qu'ils « se souilleraient » et ne pourraient pas, le soir venu, manger l'agneau rituel

---

1. *Nombres*, 28[16]; *Exode*, 12[19].

(Jean, 18²⁸). Ce scrupule est censé expliquer les bizarres allées et venues de Pilate pendant la procédure, mais n'empêche pas Jésus d'être jugé et exécuté ce même jour, 14 Nisan; il ressuscite le surlendemain 16. Ainsi, tous les événements de cette semaine mémorable sont placés par Jean un jour plus tôt que chez les Synoptiques, et cependant il les fait tomber sur la même férie de la semaine juive ou chrétienne [1]; en bonne chronologie on en doit conclure que les deux récits n'étaient pas d'accord sur *l'année* où Jésus fut envoyé au supplice.

***

Il y a là deux thèses ou deux traditions nettement contradictoires, et leur contradiction ne porte pas seulement sur la chronologie, mais encore sur le fait de la célébration de la pâque juive par Jésus avant sa mort. « Toutes les indications des Synoptiques, dit très justement Strauss, tendent à prouver que Jésus, avant de mourir, a célébré le souper de Pâques; toutes celles de Jean prouvent le contraire [2]. »

---

1. Jean, 19³¹, 20¹. On peut hésiter sur 19¹⁴ où παρασκευὴ τοῦ πάσχα désigne non « le vendredi », mais la veille du grand jour de Pâques.
2. *Leben Jesu*, 1ʳᵉ éd., II, p. 410.

Entre ces deux thèses opposées, faut-il nécessairement choisir ? Si l'une est fausse, l'autre est-elle forcément vraie ? Il y a une troisième solution possible : les deux thèses peuvent être fausses ou du moins purement conjecturales l'une et l'autre.

La chronologie de Jean semble au premier abord la plus plausible et c'est celle que paraît adopter le Talmud[1]. Mais le temps n'est plus où l'on pouvait, comme l'a fait encore Renan, détacher arbitrairement tel chapitre de Jean pour lui attribuer une autorité supérieure à celle des Synoptiques et la connaissance de je ne sais quelles « sources » ou « traditions » inconnues à ceux-ci. Une critique plus sévère a montré, au fond de toutes les divergences que présente le récit johannique, non point une tradition historique indépendante, mais l'effet de préoccupations théologiques à peine dissimulées ; l'Évangile de Jean n'est pas un livre d'histoire, mais un livre de théologie, la pierre angulaire de la dogmatique chrétienne. Le chapitre qui nous occupe ne fait pas exception à la règle. La « tradition » ne fournissait à l'évangéliste que cette donnée assez vague : Jésus est mort

---

1. *Sanhédrin*, 43 a. Cf. Derenbourg, *Essai*, p. 204.

vers l'époque de la pâque juive. Restait à préciser la date exacte. Or, ayant dès le début de son Évangile assimilé Jésus, victime expiatoire de l'humanité, à l'agneau pascal de l'ancienne Loi[1], il était naturel que Jean, qui transporte le dogme dans l'histoire, restât fidèle à ce parallélisme et conséquent avec lui-même jusqu'au bout : en d'autres termes, il devait faire mourir Jésus au moment même où les Juifs tuaient l'agneau pascal, et c'est ce qu'il n'a pas manqué de faire en soulignant même cette coïncidence avec une insistance qui ne laisse rien à désirer. Aucun des os de Jésus, nous dit-il, ne fut brisé (19^{36}), afin que se vérifiât la parole de l'Écriture (*Ex.* 12^{46}) qui prescrit de ne pas briser les os de l'agneau.

Si le caractère même du livre de Jean enlève toute autorité à sa chronologie de la semaine sainte, en revanche celle des Synoptiques se heurte à des objections de fond, qui la rendent hautement invraisemblable, pour ne pas dire impossible. Déjà Apollinaire a fait remarquer[2] qu'une exécution capitale à Jérusalem le 15 Nisan

---

1. Jean, I, 29 et 36. Il avait été précédé dans cette comparaison par saint Paul, *I Cor.*, 5^7.
2. *Chronicon Paschale*, *init.*

est chose incompatible avec la loi juive (ἀσύμφωνος τῷ νόμῳ). La fête solennelle, d'un caractère sabbatique, qui se célébrait ce jour-là, aurait été irrémédiablement souillée, profanée par un acte de ce genre, auquel, même en admettant que les Romains en fussent les auteurs principaux, les Juifs devaient nécessairement participer comme spectateurs et comme auxiliaires. « Vous ne vaquerez (ce jour-là) à aucun travail », dit expressément la Loi (*Nomb.* 28[17])[1], et l'on ne comprend même pas comment les apprêts d'une pareille exécution eussent été matériellement possibles en un jour où une multitude colossale de pèlerins — Josèphe, non sans exagération, parle de deux millions sept cent mille individus — inondaient Jérusalem et sa banlieue. Le gouvernement romain, le sacerdoce juif eussent été absolument fous de procéder ce jour-là soit au jugement, soit au supplice de Jésus. Il n'y a pas de raison sérieuse de croire qu'ils l'aient été. Quelques années plus tard, lorsque Hérode Agrippa fit arrêter Pierre pendant la semaine

---

1. L'exégèse rabbinique avait étendu cette prohibition à l'après-midi du 14 (*Pesachim*, IV, 2) et ceci écarte également la chronologie de Jean d'après laquelle la condamnation fut prononcée le 14 à midi (19[14]), exécutée, par conséquent, après midi.

des Azymes, il le garda en prison avec l'intention de le faire comparaître en justice « après la pâque[1] ». A supposer que l'arrestation de Jésus ait eut lieu à la même époque de l'année, les autorités auraient certainement procédé de la même façon. Les Synoptiques, moins éloignés de la tradition juive, en ont bien le sentiment lorsqu'ils nous apprennent que le Sanhédrin décida *d'abord* d'ajourner l'affaire jusqu'après les fêtes « pour éviter le tumulte » (*Math.*, 26[5]; *Marc*, 14[2]). Quel motif grave aurait pu lui faire changer d'avis ? On n'en aperçoit aucun ; et dès lors l'idée se présente à l'esprit que, chez les Synoptiques comme chez Jean, c'est une arrière-pensée théologique, dogmatique qui est au fond de toute cette chronologie.

*
* *

Je ne suis pas hypercritique ; je n'entends pas me ranger parmi les sceptiques à outrance qui révoquent en doute, malgré les Évangiles, saint Paul, Josèphe et Tacite, l'existence même, la prédication ou la condamnation de Jésus. Mais je crois que la tradition historique de ces faits était des plus vagues, des plus sommaires, et

---

1. *Act. apost.*, 12.

LA FÊTE DE PAQUES

qu'elle a dû s'oblitérer et s'altérer avec une rapidité singulière au milieu des angoisses et des catastrophes de la Grande Révolte où sombra la nationalité juive. A l'époque où furent rédigés les Synoptiques, ou, si l'on préfère, le « Proto-Marc » qui forme le *substratum* de leurs récits, tout ce qu'on savait de certain c'est que Jésus avait été jugé et tué à Jérusalem. Quel motif pouvait amener un Galiléen à Jérusalem? On a supposé naturellement qu'il s'agissait d'une fête, et plus particulièrement de celle de Pâques, la plus importante de l'année. Mais ce n'était pas la seule qui attirât des pèlerins à Jérusalem, et il y a tels détails dans le récit des Évangiles qui, *si on leur attribue une valeur historique*, tendraient plutôt à faire croire qu'on était encore en plein hiver. C'est ainsi qu'on nous laisse entendre qu'il faisait très froid : après l'arrestation de Jésus on allume du feu dans la maison du grand prêtre et Pierre vient s'y chauffer [1].

De même le traitement dérisoire que les soldats romains font subir au condamné — l'affublant de

---

1. *Luc*, 23^{55} ; *Marc*, 14^{54}. A Jérusalem la température moyenne du mois d'avril est de 16°; il est vrai que les nuits y sont souvent très fraîches.

la pourpre, le coiffant d'une couronne d'épines, lui mettant en main un roseau en guise de sceptre — ressemble singulièrement à un épisode des saturnales militaires romaines, telles qu'elles étaient célébrées dans une garnison orientale sous Dioclétien [1]. Que l'on reconnaisse dans cet usage du roi de carnaval adoré, puis supplicié, l'influence du mime alexandrin, ou qu'on y cherche, avec moins d'invraisemblance, un souvenir des *Sacaea* babyloniennes [2], il reste un fait incontestable : c'est qu'il s'agit d'une coutume des saturnales militaires romaines; un texte de Macrobe, qui nous apprend que pendant ces fêtes il était contraire à la loi religieuse de faire mourir un condamné, expliquerait peut-être — si elles sont historiques — les tergiversations de Pilate [3]. Or tout le monde sait que les saturnales romaines se célébraient à l'entrée de l'hiver, du 17 au 19 décembre.

1. Actes de S. Dasius, Cumont, *Anal. Bolland*, XVI, 5. Cf. Parmentier, *Revue de philol.*, 1897, p. 143; Wendland, *Hermes*, XXXIII, 175.
2. La première thèse est celle de Reisch, *Der König mit der Dornenkrone* (1905), la seconde celle de Vollmer, *Jesus und das Sacaeenopfer* (1905); elle a déjà été esquissée par Wetstein, en 1751.
3. *Poenas a nocente iisdem diebus exigere piaculare est*, Sat. I, 10, 1.

Telle serait donc la date approximative de la Passion de Jésus-Christ[1].

Pourquoi la tradition évangélique a-t-elle transporté la commémoration de cet événement à l'époque de la pâque juive? La raison en est évidente et a, d'ailleurs, été déjà entrevue par Strauss[2].

L'usage de célébrer la pâque juive s'était maintenu naturellement dans les communautés judéo-chrétiennes ; à leur exemple les communautés hellénistes avaient fini par l'adopter. Le rite essentiel de cette fête était une agape fraternelle à laquelle prenaient part tous les fidèles, simple développement du souper familial de la fête juive. L'agape se terminait par la cérémonie ou le « mystère » de l'eucharistie, sortie, elle aussi, d'un usage juif (le pain et le vin bénits du repas sabbatique); cette cérémonie n'était pas spéciale au sabbat de Pâques[3], mais elle s'y accomplissait avec une ferveur, avec un éclat particulier.

Tout rite a besoin d'être expliqué pour satis-

---

1. Dans cette hypothèse, si l'on tient absolument à ce que Jésus ait été appelé à Jérusalem par une fête, on peut penser à celle de Hanoucca.
2. *Leben Jesu*, 1ʳᵉ éd., II, 413.
3. *I Cor.*, 11²³.

faire la conscience des fidèles. Comme celle des chrétiens ne se serait plus contentée d'une explication purement juive, il fallut bien trouver au souper pascal un sens chrétien. Ce n'était qu'un jeu pour le génie mystique de ces temps-là, fortement imprégné d'influences orientales. Le pain et le vin bénits devinrent un pain et un vin divins, le corps et le sang de l'Homme-Dieu : c'est une idée qu'on retrouve, plus ou moins modifiée, dans les divers repas de communion prescrits par les religions asiatiques. Elle rendait suffisamment compte du repas eucharistique *in genere*. Mais pourquoi le corps et le sang du Christ devaient-ils être spécialement consommés en commun *au moment de Pâques?* Ici il fallait recourir à un supplément d'explication, à une combinaison chronologique. On en trouva le principe dans une comparaison déjà faite par saint Paul : « Le Christ, notre agneau pascal, a été immolé[1]. » En la développant, deux interprétations divergentes se produisirent. Les uns pensèrent que le Christ devait être mort sur la croix au moment où les Juifs égorgeaient l'agneau pascal (Jean), les autres qu'il avait donné à la pâque juive une

---

1. *I Cor.*, 5⁷ : καὶ γὰρ τὸ πάσχα ἡμῶν ἐτύθη Χριστός.

consécration nouvelle en la célébrant « avec ardeur[1] » immédiatement avant son supplice et en distribuant alors à ses disciples, comme par une anticipation de sa mort imminente, le symbole de son sang et de sa chair (Synoptiques). Les deux explications conduisaient à une chronologie différente de la semaine sainte, mais *en pratique* elles aboutissaient au même résultat : le maintien et la sanctification de la pâque juive, devenue la pâque chrétienne, c'est-à-dire l'occasion par excellence d'un repas de communion. Aujourd'hui encore, malgré tant de traités en faveur de la « fréquente communion », l'immense majorité des catholiques ne communie qu'une fois par an, précisément à l'occasion de la fête de Pâques. L'expression « faire ses pâques » n'a pas d'autre signification ; la communion est resté le trait principal, caractéristique du rituel de la pâque chrétienne.

*
* *

L'Église avait atteint son premier but : conserver une fête israélite, reconnue indéra-

---

1. Luc, 22[15]. Jean est hostile à cette idée ; seuls, d'après lui, les disciples *croient* que Jésus s'occupe de cette célébration (13[21]).

cinable, mais en lui donnant un motif et un caractère nouveaux, qui fussent en harmonie avec la foi nouvelle. Restait pourtant la question de date, la fâcheuse coïncidence de la fête chrétienne avec la fête juive, qui pouvait engendrer de dangereuses promiscuités. En effet, aussi bien les partisans de l'interprétation johannique que ceux de la « tradition » synoptique, tout en différant d'avis sur la nature du fait initial qui avait christianisé la pâque juive, s'accordaient pour la célébrer le même jour que les Juifs, le soir du 14e jour de la lune de Nisan : les *synoptisants* parce que, selon eux, le Christ lui-même avait donné l'exemple de manger la pâque à ce moment ; les *johannisants* parce que c'était à cette heure-là que l'agneau pascal de la nouvelle Loi avait expiré sur la croix.

La question se compliqua lorsque l'idée de la résurrection commença à se mêler au rituel de Pâques et à le dominer. Selon la « tradition », en effet, — tradition qui paraît avoir pour origine l'exégèse mystique d'un verset d'Osée et du roman de Jonas [1] — le Christ

---

1. Osée, 6² : « il nous rendra la vie dans deux jours ; le troisième jour, il nous relèvera. » Jonas, prototype de Jésus, reste trois jours dans le ventre de la baleine (le *Sjéôl*).

était ressuscité le 3ᵉ jour (c'est-à-dire le surlendemain) de son supplice. Si ce jour-là, considéré comme le véritable anniversaire du salut de l'humanité, devenait le jour principal de la fête pascale, il n'était plus possible que la célébration de la pâque chrétienne coïncidât avec celle de la fête juive. Si vif était cependant, dans certains milieux chrétiens, le désir de ne pas rompre complètement avec la religion mère, que tout en y acceptant le transfert de l'agape de Pâques à l'anniversaire de la Résurrection, tout en admettant la « tradition » évangélique des trois jours, on réussissait à justifier le maintien de la fête au soir du 14 Nisan. On obtenait ce résultat par un véritable tour de force d'exégèse[1]. S'inspirant d'une version évangélique aujourd'hui perdue, on considérait comme une « nuit » l'éclipse de trois heures qui s'était produite pendant la crucifixion. Dès lors, le matin de la crucifixion comptait pour un premier jour, le soir *après l'éclipse* pour un second jour, et en célébrant la pâque avec les Juifs après le soleil couché — c'est-à-dire, d'après la façon de compter juive,

---

1. Eusèbe, *Hist. eccl.* 5, 24. Didascal., 24.

alors que le lendemain avait déjà commencé — on restait à la fois dans la tradition nationale et dans la vérité théologique.

L'Église romaine ne pouvait s'accommoder de pareilles subtilités. Elle n'en avait nul motif, ayant affecté dès l'origine vis-à-vis de la synagogue une attitude intransigeante. Quand elle se décida, non sans hésitation, — dans le cours du second siècle — à adopter la fête de Pâques, elle semble s'être préoccupée immédiatement de la différencier, non seulement par le caractère, mais par la date, de la pâque israélite.

Un moyen simple, pour atteindre ce but, aurait consisté à fixer la célébration de cette fête à une date solaire invariable, par exemple au 25 mars, comme on le fit quelque temps en Gaule. Il est peut-être regrettable que l'Église n'ait pas pris ce parti : nos collégiens sauraient toujours d'avance, et sans avoir besoin de consulter l'almanach, quel jour ils partiront en vacances printanières. Mais l'Église ne crut pas pouvoir faire abstraction, pour le calcul d'une fête religieuse, du calendrier lunaire consacré par une si longue tradition; et d'ailleurs l'adoption d'une date solaire fixe n'aurait pas empêché *exceptionnellement* les deux fêtes de coïncider. Avec le système imaginé par l'Église romaine, cette coïncidence est, au contraire, *théoriquement*[1] impossible. En effet, tout en adoptant pour la détermination approximative de Pâques le principe juif (perfectionné par l'astronomie alexandrine) de la « pleine lune de Nisan », Rome a décidé : 1° que la pâque chrétienne *stricto sensu* devait toujours tomber un dimanche, ce jour-là ayant été, d'après les Évangiles, la *férie* de la Résurrection[2]; 2° que le dimanche de Pâques tomberait toujours *après* la pleine lune de Nisan. Comme la fête juive se célébrait le soir *avant* cette pleine lune, on obtenait ainsi à coup sûr la séparation désirée.

---

1. Je dis *théoriquement*, parce que la synagogue et l'église ayant des cycles luni-solaires différents et tous deux inexacts, il peut arriver que la pâque chrétienne, célébrée soit-disant *après* la pleine lune, coïncide en fait avec la pâque juive, célébrée le soir qui *précède* la pleine lune.

2. Il serait trop long d'examiner ici l'origine de cette tradition. Pour la résumer d'un mot, je crois qu'elle tient à un simple contresens : le mot παρασκευή qui, dans la source (perdue) de nos Évangiles désignait la veille de Pâques (cf. Jean 19[14]) a été entendu au sens vulgaire de veille du sabbat, c'est-à-dire vendredi. Si Jésus a été crucifié le vendredi et s'il s'est reposé le jour du sabbat (Strauss, II, 662), il a dû nécessairement ressusciter le dimanche.

Les partisans de la date juive du 14 Nisan, les *quartodécimans* comme on les appelait, très nombreux en Asie-Mineure, ne se rendirent pas sans combat. Au milieu du II\ieme siècle, entre Anicet et Polycarpe, la lutte est toute courtoise ; à la fin du siècle, avec Victor et Polycrate, elle s'envenime ; Rome fulmine l'excommunication contre les Asiatiques, qui ne s'en soucient guère. Il fallut l'intervention impériale et le Concile œcuménique de Nicée pour trancher définitivement la question en faveur de l'usage romain, modifié par le comput alexandrin de l'équinoxe du printemps.

Cependant, même alors, la résistance populaire se prolongea dans certaines communautés orientales : encore à la fin du IV\ieme siècle, saint Jean Chrysostome tonne contre les chrétiens d'Antioche qui s'obstinent à fêter Pâques en même temps que les Juifs. En Occident, au contraire, le lien fut si bien brisé qu'à aucun moment de l'année la séparation des deux cultes ne s'affirma plus nettement que pendant la semaine sainte : du jeudi saint au lundi de Pâques les Israélites étaient obligés de s'enfermer chez eux !

Mais plus l'Église romaine faisait dur visage

aux Juifs, plus elle s'adoucissait envers les païens récemment convertis et se montrait disposée à pactiser avec leurs usages. Plusieurs détails, plusieurs rites qui, au cours des premiers siècles du Moyen Age, s'introduisirent dans la fête chrétienne de Pâques sont empruntés aux fêtes du printemps païennes ; le nom même de Pâques s'est effacé en pays germanique devant celui de la déesse païenne de l'aurore, Ostara. Et c'est aussi sans doute sous l'influence des souvenirs païens que la fête de Pâques, dépouillant complètement son ancien caractère de tristesse et de recueillement, est devenue dans bien des pays la fête joyeuse et exubérante, non seulement de la résurrection et du salut, mais de la création du monde : c'est à cette conception que se rattache, par un symbolisme transparent, l'usage, qui dura en France jusqu'en 1564, de faire de la fête de Pâques le commencement de l'année civile, comme elle l'avait été d'ailleurs chez les Juifs avant la conquête d'Alexandre et l'adoption de l'année macédonienne.

Je viens d'esquisser à grands traits l'histoire de la fête de Pâques chrétienne, depuis son adoption par l'Église jusqu'à sa réglementation définitive par le Concile de Nicée. On voit, en résumé, que cette fête n'est primitivement et essentiellement pas autre chose que la pâque juive, mais que, à mesure que s'accentuait la séparation entre les deux religions, l'Église l'a peu à peu vidée de son contenu spécifiquement juif pour y substituer des rites, des allusions, des mystères, qui fussent en harmonie avec les nouvelles croyances. C'est de cette façon que la fête commémorative de la sortie d'Égypte, fête dont le trait caractéristique était le souper de l'agneau, est devenue la fête commémorative de la résurrection de l'Homme-Dieu, ayant pour cérémonie essentielle la célébration de l'eucharistie, c'est-à-dire, pour appeler les choses par leur nom, un acte théophagique plus ou moins enveloppé de symbolisme. Quant à la chronologie de la semaine de la Passion, loin d'être le fondement véritable de la fête de Pâques chrétienne, elle n'est que la traduction postérieure de l'idée qu'on a voulu y mettre. Ici, comme dans bien des cas, le rite a créé le dogme, puis le dogme à son tour a engendré le mythe, qualifié de tradition.

Il nous reste maintenant à voir quel était

le caractère, quelle était l'origine religieuse de cette fête israélite elle-même où nous avons reconnu la racine de la fête chrétienne. Ici encore il nous faudra soigneusement distinguer entre les apparences et la réalité, entre la théorie et l'histoire, entre la pratique relativement moderne et le rite primitif dont elle est issue.

*
* *

Au temps de Jésus-Christ, la pâque juive avait surtout le caractère d'une réjouissance publique, d'une fête nationale. A l'approche de la première pleine lune du printemps, quand l'état de la végétation annonçait que la récolte de l'orge allait commencer, le sacerdoce proclamait la semaine sainte. Elle était précédée d'une cérémonie singulière : le 13 Nisan au soir, dans toutes les maisons israélites, tout le *levain* (c'est-à-dire la pâte fortement fermentée qui sert à faire « lever » le pain) de l'année passée était soigneusement recherché et détruit ; le chef de famille procédait lui-même à l'enquête, une chandelle à la main. A partir du matin du 14, à l'heure où l'on enlevait deux gâteaux de pain levé placés ordinairement devant le Temple, l'usage du pain levé était strictement interdit pendant huit jours : c'est la période dite des Azymes.

En ces mêmes jours, de quinze lieues à la ronde, toute la population juive se mettait en marche vers Jérusalem. Les routes avaient été au préalable mises en état, les ponts réparés, les sépulcres blanchis pour qu'on évitât plus sûrement leur contact qui entraînait une souillure. L'affluence était colossale, car elle comprenait, outre les Juifs de Palestine, beaucoup d'Israélites de la *diaspora*, qui devaient, une fois au moins dans leur vie, faire le pèlerinage de Jérusalem, comme les musulmans actuels celui de la Mecque. Josèphe parle de plus de 200.000 victimes, correspondant, selon lui, à une agglomération de deux millions d'hommes; même en réduisant ce dernier chiffre de moitié, il représente une multitude énorme où toute la vigilance du sacerdoce et toute l'énergie de la tradition devaient avoir peine à maintenir l'ordre et la décence; ajoutons que, si le chiffre des victimes est exact, il ne permet pas d'en déduire celui des familles, car les familles peu nombreuses étaient autorisées à s'associer (*Ex.*, 12⁴).

Le 14 Nisan, au coucher du soleil, toutes les victimes étaient amenées dans l'enceinte sacrée; on les y faisait entrer en trois grandes fournées, réparties à leur tour entre les groupes de familles. Au signal donné par une fanfare des trompettes d'argent, chaque père de famille immolait lui-même sa bête. Des prêtres recueillaient le sang dans des coupes d'or et d'argent et en aspergeaient la base de l'autel. Puis les animaux étaient hâtivement apprêtés, dépouillés de leur graisse qu'on offrait sur l'autel, enfin restitués à leurs propriétaires ; pendant tout ce temps les lévites chantaient le *Hallel*, composé des psaumes 113 à 118. Les chefs de famille remportaient les agneaux chez eux ou dans des maisons louées *ad hoc* et les faisaient rôtir ; le soir venu, on les mangeait joyeusement en famille.

La fête, inaugurée par ce souper, durait sept jours, pendant lesquels l'usage du pain levé était interdit. Chaque jour on offrait au nom du peuple un sacrifice solennel, qui comportait deux taureaux, un bélier, sept agneaux d'un an, un bouc, sans compter la farine et les libations. Le premier et le septième jours il y avait une « assemblée sacrée » du peuple entier, et l'on s'abstenait de tout travail profane.

★
★ ★

Tel était, dans ses grandes lignes, le mode de célébrer la pâque juive au temps de Jésus-Christ.

Cette forme de célébration solennelle et publique n'est pas primitive en Israël ; elle ne remonte pas plus haut que le Deutéronome et a remplacé, sans aucun doute, un mode plus ancien, une fête strictement domestique. La réforme se rattache à la tendance générale, accusée par le Deutéronome, de concentrer le culte à Jérusalem et d'empêcher tous les sacrifices privés, qui risquaient d'entretenir des restes de particularisme religieux ou de polydémonisme local. Ce fut à l'occasion de la promulgation de ce Code, — l'an 18 du roi Josias, 621 av. J.-C., — que la pâque fut, pour la première fois, fêtée sous la forme que je viens de décrire. « Jamais, dit le chroniqueur (*II Rois*, 22³), sous les juges et les rois d'Israël elle n'avait été célébrée ainsi. » Le Deutéronome, dans son aversion pour les cérémonies domestiques, prescrit même que les victimes soient mangées séance tenante, sur le parvis du Temple ; bien plus, pour rompre avec la vieille tradition familiale, il permet (16²) d'employer indifféremment, comme victimes de Pâques, soit du gros, soit du menu bétail.

Cette réforme radicale n'eut qu'un succès incomplet. Trente ans après la « découverte » du Deutéronome, le Temple fut détruit par les

Chaldéens. Pendant la période qui suivit, soit en exil, soit en Palestine même, la célébration de la pâque reprit nécessairement le caractère domestique et familial qu'elle avait eu précédemment. Le règlement du souper pascal est donné en détail par le Code sacerdotal, en deux rédactions (*Ex.*, 12; *Nomb.*, 9); il n'est certainement que la reproduction de la pratique antérieure au Deutéronome et que trente ans de réforme officielle n'avaient pu faire tomber en désuétude. La victime est un agneau ou un chevreau, sans défaut, dans la première année et du sexe masculin. Chaque maison ou *groupe de maisons* offre le sien. On le choisit dès le 10 du premier mois (Nisan), on l'immole le 14 au soir. Avec son sang, on teint, à l'aide d'une touffe d'hysope (*Ex.*, 12^{22}), les poteaux et le linteau de la porte. La viande se mange la nuit même, rôtie et non bouillie, avec du pain sans levain et des herbes amères. L'animal doit être consommé tout entier: tête, jarrets, entrailles, rien n'est laissé; aucun os ne doit être rompu; ce qui n'est pas mangé sera brûlé avant l'aurore. Ce repas de famille comporte, chez ceux qui y prennent part, un accoutrement spécial : ceinture aux reins, chaussures aux pieds, bâton à la main. Il doit être pris à la hâte, et pendant toute la soirée aucun des habitants de la maison n'en doit franchir le seuil (*Ex.*, 12^{22}).

Quoique la forme ancienne et familiale de la fête de Pâques eût été ainsi remise en honneur pendant la captivité, le parti sacerdotal, désormais confondu avec le parti prophétique, ne renonça pas à l'espoir de rendre un jour à *Pesach*, dans Jérusalem relevée de ses cendres, le caractère d'une fête publique. Ézéchiel, dans son projet de restauration, renchérit même à cet égard sur le Deutéronome : il supprime les offrandes individuelles et y substitue un sacrifice unique et expiatoire offert par le prince pour la nation (45^2). Le rétablissement pur et simple du règlement deutéronomique paraît avoir été l'œuvre d'Ezra (6^{19}); c'est ce règlement qui fut observé à Jérusalem pendant toute la durée du second Temple. Mais tous les Juifs ne pouvaient entreprendre tous les ans le pèlerinage de la ville sainte ; les Juifs de la *diaspora*, ceux même de Palestine qui habitaient des localités éloignées continuèrent donc à célébrer la fête dans le cadre de la famille, avec les rites prescrits par l'*Exode*. Après la chute définitive du Temple, c'est ce mode de célébration qui seul subsista ; avec de légères modifications, il s'est maintenu parmi les Israélites pieux jusqu'à nos jours.

On peut lire une charmante et fidèle description du souper de Pâques, ou *Seder*, dans le *Rabbin de Bacharach* de Henri Heine (chap. 1er) : « Dès qu'arrive la nuit, la maîtresse de maison allume des bougies et dresse la nappe. Elle place au milieu de la table trois galettes de pain sans levain, les recouvre d'une serviette, et, sur le piédestal ainsi formé, dispose six petits plats contenant les mets symboliques : un œuf, une laitue, une racine de céleris, un os d'agneau, enfin un salmigondis brunâtre de raisins secs, de cannelle et de noix. Le père de famille prend place à la table, et avec lui les parents et commensaux. Il ouvre un livre merveilleux, la *Haggada* de Pâques, et en donne lecture ; c'est un mélange bizarre de légendes ancestrales, de miracles relatifs à la sortie d'Égypte, d'anecdotes plaisantes, de problèmes juridiques, de prières et de cantiques. Dans cette cérémonie s'intercale un copieux souper ; même pendant la lecture, on doit, à des moments déterminés, goûter des mets symboliques, manger quelques miettes de pain azyme et vider quatre coupes de vin rouge. Cette fête du soir unit la mélancolie à la gaîté, le sérieux au badinage, la poésie au mystère. La mélopée traditionnelle dont le père de famille scande sa lecture, et que les auditeurs reprennent parfois en chœur, est si frémissante de tendresse, si naturellement berceuse, si joyeusement stimulante, que les Juifs mêmes qui depuis longtemps ont perdu la foi de leurs pères, qui ont poursuivi des bonheurs et des honneurs étrangers à leur tradition, ne peuvent entendre par hasard ces vieux chants de *Pesach* sans se sentir remués jusqu'au fond du cœur[1]...»

Ajoutons que si le sacrifice de l'agneau, essentiel dans le rituel de l'*Exode*, n'est plus représenté dans le *Seder* talmudique que par la présence symbolique d'un os d'agneau sur la table du festin, il s'est maintenu intégralement dans la petite communauté des Samaritains de Naplouse. La veille de Pâques, au coucher du soleil, ils égorgent sept agneaux sur le sommet

---

1. Pour une description moins poétique, mais plus précise, du *seder* tel qu'il se pratique au Maroc (et en Algérie), voir le *Journal des Débats* du 3 juin 1903.

du Garizim ; on examine les chairs pour s'assurer de leur intégrité rituelle, puis on les rôtit dans un four. Cependant les « anciens », accompagnés des familles, ont dressé des tentes improvisées. A minuit on enlève le couvercle du four, et, debout, on mange le festin. Tous les restes du repas sont soigneusement recueillis et brûlés : la lettre de la loi est observée [1].

*
* *

La pâque juive, même réduite au *Seder* de famille et à l'observance, pendant huit jours, des pains sans levain, est assurément une fête curieuse et touchante, aussi émouvante dans son genre que la pâque des chrétiens, avec son déploiement de pompes solennelles. Mais quel en est le sens ? quelle en est l'origine ? voilà ce qui nous intéresse surtout et ce qu'il nous faut chercher.

La synagogue n'est pas embarrassée par ce problème. Elle y a une réponse bien nette et, à première vue, satisfaisante : « Cette fête, dit le catéchisme de S. Cahen, est instituée pour cé-

---

1. Voir par exemple Baedeker-Socin, *Palestine*, p. 220. Quelques rares privilégiés non Samaritains ont pu assister à cette curieuse cérémonie que perpétue des coutumes vieilles de trente siècles.

lébrer l'époque de l'affranchissement d'Israël de l'esclavage égyptien. » L'explication n'est pas nouvelle ; c'est celle du Talmud ; c'est déjà celle de l'écrivain appelé « le Jéhoviste », qui vivait au VIIIe siècle avant Jésus-Christ. Il fait instituer la fête par Moïse en Égypte, avant l'exode et en prévision des circonstances de cet exode. Ce texte très bref ne vise que le sacrifice de l'agneau avec les rites de sang qui l'accompagnent (*Ex.*, 12$^{21-23}$) ; il ne le prescrit d'abord que pour une fois, pour l'occasion présente : le sang de l'agneau, arrosant le linteau et les poteaux de la porte, avertira l'Éternel qu'un Israélite demeure, là et Dieu empêchera la mort d'entrer. Mais le texte ajoute aussitôt (12$^{24-27}$) : « Vous garderez ceci comme une ordonnance perpétuelle, pour vous et pour vos enfants. Quand donc vous serez entrés au pays que l'Éternel vous donnera, comme il vous l'a promis, vous observerez cette cérémonie. Et quand vos enfants vous diront : Pourquoi cette cérémonie ? Vous répondrez : C'est le sacrifice de la pâque à l'Éternel, qui passa en Égypte par-dessus les maisons des enfants d'Israël, quand il frappa l'Égypte et qu'il préserva nos maisons. »

Voilà pour le rite de l'agneau ; quant à l'usage

des Azymes, un autre texte (*Ex.*, 12³⁹) le rattache également aux circonstances de la sortie d'Égypte : « Et parce qu'ils avaient été chassés d'Égypte et qu'ils n'avaient pas pu tarder, et qu'ils ne s'étaient apprêté aucune provision, ils cuisirent en des gâteaux sans levain la pâte qu'ils avaient emportée d'Égypte, car ils ne l'avaient point fait lever. »

Une fois les grandes lignes de l'explication historique ainsi tracées, les commentateurs juifs n'ont pas eu de peine à la poursuivre jusque dans le moindre détail : chaque trait du rituel traditionnel de Pâques,— les herbes amères, les quatre coupes de vin, la combustion des reliefs du festin — a trouvé sa justification et son principe dans un épisode de la sortie d'Égypte, et ces explications subtiles, tantôt historiques, tantôt symboliques, sont la principale matière du livre « merveilleux » rappelé par Henri Heine, la *Haggada* de Pâques.

*
* *

La critique moderne ne peut évidemment s'accommoder d'une exégèse aussi naïve. Tout d'abord l'expérience nous avertit que neuf fois sur dix les explications historiques de ce genre, quand il s'agit de coutumes religieuses, sont forgées *à posteriori*. Puis, dans le cas particulier de la pâque, réfléchissons de combien d'obscurités et d'incertitudes était enveloppé pour les Israélites eux-mêmes tout ce qui précédait l'époque de leur établissement dans la terre de Canaan. Le séjour des ancêtres en Égypte, les circonstances de leur sortie, leurs vagabondages dans le désert, tout cela, à supposer que ce soit de l'histoire, n'avait laissé que le souvenir le plus vague et le plus confus, qu'il était réservé à la poésie et à la théologie de préciser et d'embellir. Il est moralement inadmissible qu'une fête, avec un règlement aussi archaïque, ait été « instituée » à l'occasion ou en mémoire de ces événements et que le souvenir de cette institution se soit transmis intact à travers tant de siècles.

Au surplus, dans le Pentateuque, dans le *Jéhoviste* lui-même — qui est loin, on le sait, d'être un document d'une seule coulée — nous trouvons les traces d'une tradition plus ancienne, selon laquelle la fête de Pâques aurait préexisté à la sortie d'Égypte (*Ex.*, 12^{21}). « Moïse appela tous les anciens d'Israël et leur dit : Choisissez et prenez un petit d'entre les brebis ou d'entre les chèvres, par familles, *et égorgez la pâque.* » On ne parle ainsi que d'un sacrifice déjà connu,

consacré par une longue tradition. Et ailleurs
(*Ex.*, 5³) : « (Moïse et Aaron) dirent (au Pharaon):
Le Dieu des Hébreux est venu au-devant de
nous ; nous te prions que tu nous laisses aller
le chemin de trois jours au désert, afin que
nous sacrifiions à l'Éternel notre Dieu, de peur
qu'il ne se jette sur nous par la peste ou par le
glaive[1]. » Ici, à la vérité, le nom de Pâques
n'est pas prononcé, mais c'est au printemps, il
s'agit d'un sacrifice traditionnel, général, averruncatoire : n'est-ce pas précisément le caractère, le signalement même du sacrifice pascal ?
Remarquez que, dans ce texte, les Israélites ne
prétendent nullement quitter l'Égypte sans
esprit de retour ; ce qu'ils demandent, c'est « une
permission de sept jours » (trois jours pour
aller, un jour pour sacrifier, trois jours pour
revenir) afin de se rendre, eux et leurs troupeaux,
dans le désert et s'y réconcilier avec leur Dieu ;
c'est parce que Pharaon refuse d'accorder ce
désir si raisonnable, que les fléaux s'abattent
sur son royaume et que les Hébreux finissent
par lui fausser compagnie pour toujours. Ainsi,
dans cette version de saveur archaïque, comme
l'a dit spirituellement Wellhausen, loin que la

---

1. Cf. aussi *Ex.*, 3¹⁸, 8²⁵, 10⁴.

pâque ait été instituée à cause de la sortie d'Égypte, c'est la sortie d'Égypte qui s'est produite à cause de la pâque.

*
* *

En conclura-t-on que cette explication historique vaille mieux que celle qui a prédominé dans la synagogue ? En aucune façon. Il ne faut voir dans l'une et l'autre que des tentatives audacieusement naïves de rattacher *toutes* les institutions religieuses d'Israël au culte de Jahvéh et à la légende qui, peu à peu, s'était formée autour des origines de ce culte. D'ailleurs, les traits de cette légende ressemblaient à ces selles à tous chevaux qu'on peut accommoder indifféremment aux cambrures les plus diverses.

Prenons, par exemple, le détail de la mort des premiers-nés des Égyptiens, frappés par le Seigneur. Cet épisode a été mis en rapport avec la fête de Pâques, par suite d'une étymologie fantaisiste du mot *Pesach* qu'on dérivait du verbe hébreu qui signifie « passer outre, épargner » : Dieu, quand il frappait tous les premiers-nés du pays, *épargna* ceux des Israélites, parce que leurs maisons étaient signalées (ou protégées) par le sang de l'agneau rituel. Tel est l'usage que fait de cette légende le Jéhoviste. Mais voici un autre écrivain biblique, le Deutéronomiste, ennemi du sacrifice domestique de Pâques, qui recourra à la même légende pour expliquer un rite tout différent : l'offrande à Jahvéh des premiers-nés des troupeaux et le rachat des mâles premiers-nés de chaque famille (*Ex.*, 13³)[1].

On le voit : les explications de ce genre, par la facilité même avec laquelle elles se plient à tous les systèmes, ne méritent pas d'être prises au sérieux par l'historien ; il est douteux qu'elles le fussent par leurs inventeurs mêmes. Ce sont déjà les procédés de l'Haggada tamuldique, qu'il faut accueillir, comme ils ont été enfantés, avec un sourire. L'explication historique de la fête de Pourim, qui a donné naissance au livre d'Esther, est exactement du même acabit.

*
* *

A défaut de la « tradition historique », trouverons-nous dans l'étymologie les lumières

---

[1]. C'est à tort que certains critiques ont voulu établir un lien primitif entre ce rite et le sacrifice pascal : *jamais*, à propos de Pâques, il n'est parlé d'agneau « premier-né ». On s'étonne de voir Wellhausen persister dans cette assimilation jusque dans son plus récent travail : *Kultur der Gegenwart*, I. 4, p. 12.

nécessaires pour expliquer l'origine de notre fête ? Je ne le crois pas. L'étymologie sémitique est un domaine marécageux ; qui s'y aventure, même le plus compétent, risque d'y trébucher à chaque pas et de prendre un feu follet pour un fanal. Le grand nombre d'étymologies déjà proposées pour le nom de *Pesach* est à lui seul un avertissement. Outre l'hébreu *pasah* « épargner » dont j'ai déjà parlé, on a dérivé ce mot de l'assyrien *pasahu* « apaiser », de l'égyptien *poseh* « récolte », du « sémitique » *pasah* « danser en boîtillant » (comme les pèlerins de la Mecque autour de la pierre sainte de la Kaaba), et à chacune de ces étymologies correspond une conception différente du caractère primitif de la fête en question. Une pareille méthode, on l'avouera, n'offre aucune sûreté. Je préfère, pour ma part, y renoncer absolument et ne demander la solution du problème qu'à une analyse rigoureuse des textes bibliques, replacés dans leur ordre chronologique, en séparant ce que la doctrine a confondu.

* *

Ce qui frappe tout d'abord dans le rituel classique de la fête de Pâques, c'est l'étroite connexité entre le *sacrifice de l'agneau*, qui a lieu le premier soir, et la *fête des Azymes*, qui se prolonge pendant toute la semaine sacrée. Cette connexité, il est facile de le voir, est artificielle et de date récente. Sans doute, elle a été facilitée par la règle que *toujours* le pain employé dans les offrandes à Jahvéh devait être azyme (*Ex*., 23, 24), et cela parce que le levain est une sorte de putréfaction et que toute putréfaction doit être éloignée de la face de Jahvéh[1]. Mais il ne s'en agit pas moins, en réalité, de deux fêtes distinctes, qui ont chacune leur caractère bien marqué et reflètent deux civilisations différentes. La fête des Azymes est celle d'un peuple laboureur, sédentaire et politiquement unifié ; celle de Pâques suppose un peuple pasteur, nomade et morcelé en clans indépendants. Le problème que nous examinons se subdivise donc en deux autres : nous devons rechercher successivement l'origine de la fête des Azymes et celle du sacrifice pascal.

**

La fête des Azymes, si haut que nous remon-

---

1. Cf. Robertson Smith, *Religion of the Semites*, p. 221, qui invoque des parallèles arabes.

tions dans l'histoire, paraît toujours avoir eu une date nettement déterminée, comme il convient à une fête agricole : c'est le mois d'Abib, plus tard appelé Nisan, c'est-à-dire les environs de l'équinoxe du printemps, l'époque des premiers coups de faucille. C'est en Palestine le commencement de la récolte de l'orge, qui précède de cinquante jours la fin de la récolte du froment, marquée par la fête de Pentecôte. Pendant sept ou huit jours — la durée, sans doute, de la moisson — les gâteaux de l'orge nouvelle se mangent en joie devant le Seigneur : voilà, dans son essence, toute la fête des Azymes. Mais, pourquoi les gâteaux se mangent-ils sans levain ? Deux explications sont possibles. On peut voir dans cette pratique un simple souvenir de l'époque où, le levain n'étant pas inventé, tout pain était azyme. L'usage du pain levé ne s'est jamais généralisé en Grèce[1]; il est encore inconnu des nomades de l'intérieur de l'Anatolie. Il y a donc toute apparence qu'à l'époque lointaine où remonte l'« institution » de la fête des Azymes, il en était de même en Palestine ; le rite une fois fixé a été maintenu sans changement par la religion, dont on connaît

1. Cf. Benndorf, *Eranos vindobonensis*, p. 372 et suiv.

les habitudes conservatrices[1]. — Ou bien, et mieux encore, l'on peut penser qu'à l'origine la récolte de chaque année était censée la propriété et placée sous la sauvegarde d'un démon spécial dont le pouvoir expirait avec l'année agricole; c'eût été offenser le démon de la récolte nouvelle que de mêler à ses dons la pâte fermentée provenant de la récolte de l'année précédente. Cette pratique superstitieuse a pu se maintenir, par routine, dans le jahvéisme après que les idées qui lui avaient donné naissance s'étaient modifiées[2].

Quelle que soit l'interprétation qu'on préfère, un point est hors de conteste : c'est le caractère essentiellement agricole de la fête des Azymes. Dès lors cette fête ne peut appartenir au fond primitif de la religion israélite, car les Hébreux ne sont devenus laboureurs qu'après la conquête de Canaan et à l'instar des Cananéens. Les fêtes agricoles, cérémonies d'un but tout pratique, destinées à se concilier la bienveillance des démons agraires, font partie intégrante de

---

1. L'opérateur de la circoncision a continué pendant des siècles à se servir de couteaux en silex; de même les autels de Jahvéh étaient construits en pierres non taillées.

2. Cf. l'interdiction de faire cuire le chevreau dans le lait de sa mère, *Ex.*, 23[19], 34[26].

l'agriculture antique ; les Israélites les ont apprises et empruntées en même temps que les recettes proprement techniques de l'art agricole. Primitivement donc la fête des Azymes s'adressait non à Jahvéh, mais à Baal ou plutôt « aux Baalim » locaux qui, même au temps d'Osée, étaient regardés par la plupart des Israélites comme les dispensateurs des produits agricoles, à l'exclusion de Jahvéh. Le transfert à Jahvéh de cette vieille fête païenne a dû se faire peu à peu et sous l'influence de la propagande prophétique ; il est accompli à l'époque où fut rédigé le petit coutumier connu sous le nom de « Code de l'Alliance ». Le cycle des trois grandes fêtes agraires — *Mazzoth* (Azymes, commencement de la récolte de l'orge), *Schebouoth* (Pentecôte, fin de la moisson du blé), *Soukkoth* (Tabernacles, fête des vendanges) — y apparaît nettement constitué ; mais la fête des Azymes (*Ex.*, $34^{18} = 23^{14}$) n'est pas encore mise en rapport avec le sacrifice pascal, que ce petit Code ne mentionne même pas[1].

*
* *

Arrivons maintenant à ce sacrifice lui-même,

---

1. Le verset 34^{25} a tout l'air d'être interpolé.

A la différence de la fête des Azymes, le sacrifice pascal ne semble pas avoir eu, à l'origine, une date uniforme pour toutes les familles israélites ; de plus, quand il se célébrait, c'était non à la pleine lune, comme les Azymes, mais à la lune nouvelle. J'en trouve la preuve dans un récit des livres de Samuel (*I Sam.*, 20⁶). Il y est question d'un sacrifice de famille *annuel* auquel David doit se rendre à Bethléem ; ce sacrifice a lieu à la néoménie (20⁵). Un sacrifice « annuel » est nécessairement unique ; il ne peut donc guère s'agir que de la pâque. Ainsi : 1° le sacrifice pascal était une fête de famille (ou peut-être une fête de clan) ; 2° il se célébrait à des époques irrégulières, selon les familles, mais toujours à la néoménie et probablement au printemps, sans quoi la fusion ultérieure avec les Azymes deviendrait peu intelligible.

Parmi les détails du rituel, tel qu'il est prescrit par le texte capital (*Ex.*, 12), deux traits surtout sont à retenir, parce qu'ils s'éclairent par la comparaison des usages observés chez des peuples qui vivent ou vivaient dans des conditions sociales analogues à celle des Israélites au moment de la conquête. Ces deux traits sont : la hâte avec laquelle doit se consommer la victime et le rite de l'aspersion des poteaux de la porte avec le sang de l'agneau.

Un auteur chrétien du IVe siècle, saint Nil, rapporte[1] que les Sarrasins ne recouraient de son temps qu'avec répugnance et sous la pression de la disette à la consommation de la viande de chameau. Quand il faut s'y résigner, chaque tente ou groupe de tentes (συσκηνία) choisit une bête destinée au sacrifice. Les hommes la ligotent sur un autel de pierres empilées ; le chef conduit les fidèles trois fois autour de l'autel, en chantant un hymne et en exécutant une marche cadencée. Avant que le chant ait cessé il tire son coutelas, frappe le premier coup et boit avidement le sang qui s'échappe de la blessure. A ce signal tous les hommes se jettent sur la bête, découpent ses chairs pantelantes et les avalent toutes crues ou à peine attiédies au feu. La cérémonie, commencée au lever de l'étoile du soir, doit s'achever avant le lever du soleil. A ce moment la bête entière a disparu : chair, os, peau, entrailles, tout a été consommé.

1. *Opera inedita* (Paris, 1639), p. 27. Cf. sur ce texte Robertson Smith, *Religion of the Semites*, p. 281.

L'analogie de ce festin brutal avec le rite du souper pascal n'a pas besoin d'être soulignée. La cérémonie arabe nous transporte dans une société encore un peu plus primitive que celle de l'*Exode*, car le chameau est mangé *cru* (non rôti, comme l'agneau israélite) et les convives boivent le sang que la religion hébraïque réserve à Jahvéh. Mais ce qu'il faut retenir dans les deux cas, c'est la précipitation, la durée strictement limitée du repas. C'est là un trait distinctif des repas de communion primitifs. L'animal sacrifié est vraiment, comme le mot l'indique, *rendu sacré;* cette viande sacrée n'est pleinement efficace qu'à la condition d'être mangée fraîche et pour ainsi dire vivante. De plus, elle est si imprégnée de puissance démoniaque qu'elle risquerait d'infecter dangereusement quiconque y toucherait en dehors du lieu et du temps consacrés : voilà pourquoi elle doit disparaître complètement.

*
* *

Le rite israélite de l'aspersion des poteaux de la porte a aussi de nombreux parallèles dans les pratiques des tribus sémitiques contemporaines ; on les trouvera recueillies dans l'ouvrage de Doughty pour les Bédouins de l'Arabie centrale, dans celui de Curtiss pour ceux de la Syrie[1]. Je me contente de citer quelques exemples. En Arabie, le propriétaire qui bâtit une maison en lave les angles avec le sang d'une chèvre: c'est l'offrande aux *djinns*. A Karak, quand un jeune ménage s'installe, on hisse une chèvre sur le toit et on lui tranche la gorge de manière que le sang dégoutte sur le seuil. Dans plusieurs tribus, chaque famille offre tous les ans un sacrifice de ce genre appelé *fedou* ou rachat : l'animal est égorgé sur le seuil de la demeure, le chef de famille asperge de son sang les enfants en bas âge et verse le reste sur le linteau de la porte ; alors, dans l'année, personne, croit-on, ne mourra. Souvent aussi, le sang d'une victime sert à barbouiller les chameaux et autres bêtes du troupeau, ce qui leur confère l'immunité contre la maladie. Ou encore on en frotte les cordes des tentes « pour la bénédiction ». On constate des traces d'aspersion pareilles sur les portes des *makam* ou sanctuaires locaux, officiellement qualifiés

---

1. Doughty, *Travels*, II, 100; Curtiss, *Semitic religion of to day*, éd. all., p. 203 suiv. Cf. aussi Trumbull, *Threshold covenant* passim.

de tombeaux de saints *(weli, sheikh)*, mais qui, en réalité ne sont que des chapelles de vieux démons du terroir, qui peuvent remonter jusqu'aux *baalim* cananéens. Parfois enfin, comme à Djafar, on enduit la porte de beurre, teint en rouge avec du henné ; c'est un succédané économique du sang.

Ces pratiques, qui expliquent le rite de l'aspersion prescrit par *l'Exode*, sont ordinairement appelées *averruncatoires*. En effet, dans les croyances actuelles des Bédouins, le sang a une vertu talismanique; il sert à écarter les démons hostiles, démons de la peste, de la maladie, de la disette, qui pourraient menacer la maison et ses hôtes. Cette idée est bien aussi celle du rédacteur jéhoviste, quand il fait dire à Jahvéh (*Ex.*, 12^{13}) : « Le sang dont seront teintes les maisons où vous habitez vous servira de signe, je reconnaîtrai ce sang et je vous épargnerai. » Mais cette conception du sang comme un « signe » averruncatoire, si naïve qu'elle nous paraisse, a déjà quelque chose d'abstrait et de secondaire. A une période plus ancienne, il faut se représenter les démons, gloutons plutôt qu'hostiles, comme les invités, les commensaux des hommes qui participent au festin. Le sang, où, dans les croyances primitives, réside la vie de l'animal et qui en est la portion la plus sacrée, est réservé à l'hôte divin : il en a été ainsi de tout temps dans les sacrifices israélites, en dehors des holocaustes où la victime entière s'en va en fumée vers Dieu. Chose curieuse, un souvenir de ce rôle d'invité divin a traversé toute l'antiquité et le moyen âge, sans laisser de trace dans les textes officiels, pour se perpétuer dans les coutumes des juifs orthodoxes : au *Seder* pascal une place, à table, est réservée au « prophète Élie », qui, d'après la légende, doit revenir un jour sur terre pour annoncer le Messie. Mais à cette place, au lieu du prophète, c'est Dieu lui-même qui autrefois, sans doute, était censé s'asseoir.

Dans le rite archaïque de Pâques, ce n'est pas un siège à table qu'on offre à l'hôte divin : c'est sur les poteaux et le linteau de la porte qu'on répand le sang qui lui est destiné. Ceci nous reporte à l'époque lointaine où Israël ne formait pas encore un corps de nation, mais était émietté en tribus, en clans, en familles. Pas de nation, pas de dieu national. A la place de Jahvéh, chaque « tente » avait son démon ou ses démons protecteurs, connus sous le nom collectif de *Elohim*, qui fut ensuite transféré intégralement (sous la forme plurielle) à Jahvéh lui-même. Or, nous possédons un texte très curieux, sorte de bloc erratique de la religion primitive égaré au milieu de la Bible monothéiste, qui nous apprend que les démons domestiques étaient censés résider dans la porte de la maison (ou de la tente). On lit dans le petit Code de l'Alliance : « Quand un esclave (arrivé au terme de son service légal, six ans) dit : J'aime mon maître, sa femme et ses enfants, je ne veux pas être affranchi,—son maître l'amènera devant *Elohim*, devant le poteau de la porte, et il lui percera l'oreille avec un poinçon (de manière à le fixer momentanément au poteau) et l'esclave le servira indéfiniment. » (*Ex.*, 21$^{5\text{-}6}$). Ce texte, si lamentablement obscurci par les traductions édulcorées des différentes églises [1] est aussi clair que possible. Il nous aide à comprendre pourquoi la part du festin pascal réservé à la divinité est versée sur les poteaux et le linteau de la porte, et pourquoi,

---

1. Toutes, jusques et y compris la récente Bible du rabbinat français, ont fait du *Elohim* du verset 6... les juges du tribunal !

pendant la soirée du festin, nul ne doit franchir le seuil où les *Elohim* sont occupés à festoyer.

*
* *

En définitive, nous avons conservé dans le rituel de Pâques un exemple typique d'une forme de sacrifice très répandue dans les sociétés primitives : le sacrifice de communion, qui, dans le judaïsme postérieur, a cédé peu à peu la place au sacrifice d'oblation et notamment à son expression la plus parfaite, l'holocauste. Ce changement correspond à une transformation des idées que les hommes se faisaient de la divinité et de leurs rapports avec elle. Le sacrifice de communion suppose une sorte de camaraderie entre les fidèles et leur Dieu; le sacrifice d'oblation élargit l'intervalle et recule la divinité dans le mystère de son isolement; désormais « le roi mange seul ».

A l'époque où nous reporte le rituel du souper de Pâques, le sacrifice avait pour but de créer ou d'entretenir un lien physique et moral des membres d'un même groupe social, d'une part entre eux, de l'autre avec leur divinité tutélaire ; on atteignait ce résultat par l'absorption en commun d'une nourriture animale à laquelle des rites préalables avaient imprimé un caractère sacré. L'afflux divin produit ainsi perdait peu à peu son efficacité ; ordinairement il devait être renouvelé tous les ans. Il était de la plus haute importance que seuls les membres du groupe intéressé, hommes libres ou esclaves, participassent à cette communion de chair et de sang ; y admettre un étranger était un sacrilège. De là les précautions minutieuses prises pas la législation mosaïque pour spécifier les ayants-droit au souper pascal ; de là aussi la répugnance que manifestent encore aujourd'hui les Samaritains pour admettre un étranger, même comme témoin, au sacrifice du Garizim.

*
* *

Nous pourrions nous arrêter là et considérer le problème comme suffisamment élucidé. Toutefois un détail appelle encore notre attention. La nature de la victime du sacrifice pascal n'est pas indifférente. Malgré la tentative d'élargissement que nous avons constatée dans le *Deutéronome*, la tradition a maintenu fermement l'exigence d'un agneau ou d'un chevreau, à l'exclusion du gros bétail. On a cherché à expliquer cette prescription en disant que la coutume du souper pascal remontait à une époque où les Israélites nomades n'avaient point d'autres troupeaux que des chèvres et des moutons. Cela est possible, mais n'exclut pas une raison plus profonde.

Il semble bien que chez les ancêtres des Israélites, ou du moins chez une partie des tribus dont l'agglomération forma la nation d'Israël, certaines espèces animales, sauvages ou domestiquées, aient joué un rôle analogue sinon identique à celui des animaux *totémiques* chez les sauvages actuels de l'Amérique et de l'Australie. On n'explique pas autrement les noms d'animaux portés par certains clans (Schoual, Caleb) ou certaines tribus israélites (Siméon, Lévi), ou encore par certains groupes de tribus (Rachel « la brebis », Léa « la vache sauvage). L'espèce adoptée pour *totem* par un groupe social est censée de même origine que celui-ci ; le même sang circule dans leurs veines, et ce sang est intangible, sacré pour tout membre de l'alliance ainsi formée. L'animal parent peut donner à l'homme sa toison, son lait, mais en principe il ne doit être ni tué, ni mangé. En *principe* seulement, car dans des occasions exceptionnelles, solennelles, il faut au contraire qu'un membre de cette association humano-animale, — et naturellement l'homme choisit l'animal, — soit immolé et consommé par ses frères pour raviver l'alliance antique et la communauté de substance qui les unit : c'est précisément dans cette opération qu'aurait consisté à l'origine le « repas de communion ». Dans ce système, la victime, loin d'être indifférente, est donc elle-même nécessairement unie à ses meutriers par les liens les plus intimes et les plus sacrés ; on s'excuse de lui porter atteinte, c'est une sorte de crime, mais de crime rituel, exigé par les nécessités même du culte.

Ainsi, à cette époque reculée, la victime n'est pas « offerte » à la divinité, elle n'est pas même mangée en commun « devant la divinité » ; elle se confond en quelque sorte avec la divinité elle-même, car le groupe n'en a pas d'autre que ce mystérieux esprit des ancêtres, répandu dans tous ses membres humains ou animaux. Dieu n'est pas le convive, il est le menu : le sacrifice de communion, dans sa forme la plus ancienne, est un repas théophagique. Il est possible que le sacrifice pascal, avec ses formes si archaïques, remonte à un repas de ce genre, et comme la victime est un agneau, c'est peut-être dans les tribus groupées sous le *totem* de Rachel (la brebis) qu'il en faut chercher la lointaine origine.

* * *

Je m'arrête où le sol commence à manquer sous mes pas. J'en ai assez dit pour qu'on puisse sans difficulté refaire en sens inverse le long chemin que nous avons parcouru ensemble en remontant vers le passé.

A l'origine, des tribus nomades, sillonnant, avec leurs troupeaux de moutons et de chèvres, la steppe syrienne. Ces troupeaux, dont elles tirent leur subsistance, ont pour elles un caractère sacré; ce sont des amis, des parents : on s'intitule, hommes et bêtes, « les enfants de la Brebis ». Une fois par an, d'ordinaire à la nouvelle lune du printemps[1], chaque tente immole un agneau d'un an, dévore hâtivement sa chair et son sang, et renouvelle ainsi l'alliance traditionnelle.

Peu à peu l'idée se dégage d'une divinité protectrice de chaque maisonnée, distincte de l'esprit collectif du clan qui circule parmi ses membres. Ce démon familial a son siège déter-

---

1. Dans le désert les brebis mettent bas au printemps. Si l'agneau pascal devait avoir exactement un an révolu, le sacrifice tombe donc forcément au printemps; mais le texte prête à l'équivoque.

miné ; désormais, au souper pascal, le sang de la victime est réservé pour lui ; on en asperge les poteaux et le linteau de la porte, et pendant toute la nuit on évite de franchir le seuil hanté par sa présence. La fête de *Pesach* est constituée.

Cependant, à l'école des Cananéens, les tribus israélites ont appris l'agriculture et les rites qui s'y rattachent. Tous les ans, à la première pleine lune du printemps, quand commence la récolte de l'orge, joyeusement on consomme devant Baal, dispensateur des fruits de la terre, les premiers gâteaux de l'orge nouvelle, d'où l'on a soigneusement banni le levain de la récolte précédente, legs du Baal défunt. C'est la fête des pains azymes, des *Mazzoth,* qui se prolonge pendant une semaine.

Les tribus dispersées, soudées par le danger commun, ont formé une nation unique à laquelle préside un dieu national, Jahvéh. Content d'abord de partager les hommages d'Israël avec les vieux démons domestiques et les nouveaux démons agraires, peu à peu Jahvéh élève ses prétentions. Tout doit plier devant lui : les coutumes religieuses qu'il n'abolit pas, il les absorbe. C'est ainsi que *Pesach* et *Mazzoth,* que leur date usuelle rapprochait déjà, se fondent en une fête unique, qui conserve encore son caractère familial, mais n'invoquera plus désormais que le nom de Jahvéh. Une pieuse légende est née pour en expliquer les rites bizarres, incompris des nouvelles générations. C'est parce que le bras vengeur de Jahvéh a frappé les premiers-nés d'Égypte et épargné les maisons israélites marquées du signe sacré, que l'on continue à asperger du sang de l'agneau les poteaux de la porte; c'est parce que dans la hâte du départ les ancêtres ont emporté « un pain de misère » que les premiers gâteaux du printemps se mangent sans levain. Le vieux rite pastoral et agricole est devenu une cérémonie orthodoxe et une commémoration historique.

La tempête du nord a emporté le royaume d'Israël. Juda seul subsiste de la maison de l'Éternel. Un puissant parti de réforme s'y lève pour chercher le salut dans la dévotion la plus exclusive à Jahvéh, dans la concentration absolue de la vie religieuse au Temple de Jérusalem. La fête de Pâques, dernière relique des cultes domestiques d'autrefois, est nationalisée à son tour. Dorénavant c'est sur le parvis du Temple unique que sont égorgés les agneaux, amenés de plusieurs lieues à la ronde par un peuple de pèlerins ; c'est l'autel de Jahvéh que l'on teint de leur sang rédempteur. Et il faudra des catastrophes sans précédent, la ruine du Temple, la destruction de l'État juif, la dispersion du peuple élu pour ressusciter la forme domestique de la célébration de Pâques ; elle s'abrite désormais dans l'ombre du foyer familial, entretenant dans les âmes pieuses le souvenir, le regret, l'espérance de la vie en commun et de la liberté perdue : « L'an prochain à Jérusalem ! »

Cependant, tandis qu'Israël déchu attend patiemment le relèvement promis par les prophètes, un groupe s'est détaché de lui qui déclare inutile une plus longue attente, car le Messie est déjà apparu. Les sectateurs de la foi nouvelle, juifs d'origine, continuent à célébrer tous les ans dans une fraternelle agape la pâque traditionnelle. Mais peu à peu, on en modifie les rites ; on les interprète surtout autrement : Pâques n'est plus, pour les chrétiens, l'anniversaire de la délivrance d'Égypte, mais le symbole d'un autre passage, celui de la mort à la vie, des ténèbres à la lumière : le souvenir, en un mot, et l'anniversaire de la Passion, de la Résurrection. Et bientôt, à la place de l'agneau de l'ancienne Loi, c'est l'agneau de l'Alliance nouvelle, c'est le Christ lui-même qui est censé figurer sur la table de la sainte Cène, et confondre son sang et sa chair avec ceux des fidèles qui communient en lui. La pâque, qui avait commencé par un mystère théophagique, finit par un mystère théophagique. Le centre du rite est resté le même, mais le cercle où rayonne sa vertu rédemptrice n'a jamais cessé de s'élargir : de clan il est devenu tribu, de tribu nation, de nation humanité.

RÉFORME RELIGIEUSE ET SOCIALE
DANS L'INDE

PAR

M. D. MENANT
Chargée de mission dans l'Inde

Mesdames et Messieurs,

On vous a déjà entretenus de la religion brahmanique ; on vous en a montré l'origine et les évolutions, son caractère et son rôle dans l'histoire de la civilisation de l'Inde[1].

On vous a parlé également du régime de la caste, cette grande et puissante organisation qui étend son autorité sur la société hindoue entière[2].

Vous avez vu l'individu pris entre l'accomplissement de ses devoirs religieux et les lois de la caste. Il reste à vous faire connaître la lutte

---
1. Cf. de Milloué, *Conférence du 5 février 1899*.
2. Cf. Sylvain Lévi, *Conférence du 15 février 1903*.

qui s'engage lorsqu'il cherche à reconquérir une ombre de liberté. Pour lui, en effet, nulle initiative : d'une part, la caste, le plus souvent, lui impose sa profession, toujours son épouse, et lui enlève tout contrôle sur ses enfants qu'elle englobe dans sa collectivité; de l'autre, des coutumes religieuses président par douze rites ou sacrements à tous les actes de sa vie. Depuis sa naissance, — même avant, — jusqu'à sa mort, — et au-delà, — il en est l'esclave et la victime.

Eh bien! quelque étrange que cette assertion puisse paraître, l'Hindou, sous certains rapports, est fier de sa servitude; d'ailleurs, sans elle, que serait-il ? Un pauvre être perdu au milieu d'une société dont tous les rangs sont marqués! Cette solidarité le rassure; la voie est toute tracée : point de choix, partant point de responsabilité. Il n'a qu'à suivre des coutumes séculaires, et il est d'autant plus fier de se trouver rattaché à un groupe, quelque humble qu'il soit, mais enfin à un groupe où il a sa place définie, qu'il n'a pas le sentiment de la nationalité.

M. Sénart a dit très justement que les populations de l'Inde ne se sont jamais élevées ni à l'idée de l'état, ni à l'idée de la patrie¹. Soumis depuis des siècles à un pouvoir étranger, l'Indien est resté cantonné dans sa vie domestique et religieuse.

Mais la caste a abusé de ses droits ; le Brahmane a interprété les textes en faveur de coutumes cruelles, et la servitude a fini par devenir intolérable. C'est alors qu'il s'est formé un parti à la fois contre la caste et contre le Brahmane, parti qui se recrute dans toutes les castes et dans toutes les sectes, celui de la *Réforme sociale*.

Il est malaisé pour un étranger qui ne fait que traverser l'Inde de se rendre compte de ces distinctions. L'*Educated Indian*, en présence duquel il se trouve le plus souvent, magistrat, haut fonctionnaire, associé par l'Angleterre au gouvernement du pays, ne représente qu'une faible partie de cette élite, et encore très imparfaitement, car les fonctions du gouvernement ne sont pas incompatibles avec l'esprit orthodoxe le plus routinier. Pour

---

1. *Les Castes dans l'Inde*, p. 232.
2. Cf. le résumé des travaux officiels sur la caste par MM. Risley et Gait dans le *Census of India*, 1901. Vol. I. *India*, part 1. *Report*, pp. 489-557.

être en contact direct avec cette élite, dis-je, il faut pénétrer très avant dans les rangs de la société native. On voit alors que toute source d'activité n'est pas tarie et que tout rêve d'amélioration n'est pas chimérique. — Je vais essayer de vous faire connaître aujourd'hui les résultats de cette activité et la réalisation de quelques-uns de ces rêves, en vous présentant un des aspects les plus intéressants de la société hindoue moderne : les efforts de l'individu pour desserrer les liens de la caste et se débarrasser de coutumes cruelles autorisées par des textes religieux mal interprétés ; et cela — notez-le — tout en respectant l'édifice social élevé par ses ancêtres et en restant fidèle à sa foi séculaire.

Difficile problème ! Dans l'Inde, en effet, la religion, non contente d'un contrôle illimité sur les choses spirituelles, s'est peu à peu insinuée dans les détails de la vie civile et quotidienne. Une infraction à ses lois, quelque légère qu'elle puisse être, est considérée comme un sacrilège et fait encourir au délinquant la peine de l'excommunication, c'est-à-dire de l'exclusion de la caste. Personne, il faut bien s'en souvenir, ne peut aspirer au nom d'*Hindou* s'il n'accepte les pratiques sanctionnées par la caste sacerdotale. *On est ou on n'est pas Hindou* : il n'y a pas de milieu. Quelle position pour le réfractaire !

La réforme sociale, comme vous le voyez, a une portée tout autre qu'en Europe ; chez nous, elle s'attaque aux choses extérieures et aspire à régler les rapports entre l'État et la société ; dans l'Inde, elle s'adresse à la condition essentiellement morale de la société et de l'individu.

Je me bornerai à vous mettre au courant des trois grands mouvements dont elle a été l'insiratrice et auxquels le gouvernement anglais accordé sa protection sous forme d'*Acts*.

Ces mouvements peuvent être envisagés à lusieurs points de vue : religieux, sociaux et égislatifs. Je m'attacherai au côté historique ui a l'avantage d'embrasser les divers aspects e la question.

La réforme sociale se rattache à la réforme eligieuse. On en trouve la trace chez les précurseurs religieux des XIVe et XVe siècles : amanand, Kabir, Nanak et Chaitanya. Mais ans quelle limite s'y rattache-t-elle? Pour le avoir, nous avons besoin de définir l'état moderne de l'Hindouisme, et dans cette définition nous trouverons la justification même des revendications du parti des réformateurs.

L'Hindouisme est une organisation sociale et une confédération religieuse; comme organisation sociale, il repose sur la caste et se rattache par de profondes racines aux éléments ethniques des populations de l'Inde. Comme confédération religieuse, il représente le mélange de la vieille foi védique des Brahmanes, d'une part avec le Bouddhisme, de l'autre avec les rites plus grossiers des races aryennes et indo-scythiques. C'est la théorie généralement acceptée.

Jusqu'au XIIe siècle, les Brahmanes dirigèrent leurs efforts contre le Bouddhisme et fondèrent leurs réformes sur une nouvelle affirmation de la personnalité divine; mais à cette époque le Bouddhisme avait cessé d'avoir une existence distincte dans l'Inde, et des sectes commencèrent à se former d'après les données populaires. Le travail des réformateurs brahmanes, postérieurement au XIIe siècle, fut accompli en partie par leurs disciples, apôtres sortis des classes inférieures, qui popularisèrent la vieille conception brahmanique d'un

Dieu personnel et la doctrine bouddhiste de l'égalité spirituelle de l'homme.

C'est dans les doctrines de ces chefs de secte que nous retrouvons l'origine des mouvements libéraux postérieurs.

Certains estiment que le Vishnouisme, dans son essence, est une protestation contre la caste. La vie de Ramanouj, le grand réformateur de l'Inde du Sud, est la démonstration d'un des principes fondamentaux de la philosophie religieuse hindoue, qu'un homme doit être respecté non pour sa naissance ou sa position sociale, mais pour sa science et son caractère. Dans l'Inde du Nord, Ramanand, au XIVe siècle, s'inspirant directement de Ramanouj, acceptait des convertis dans toutes les classes. Il avait son quartier général à Bénarès et prêchait de ville en ville l'unité de Dieu sous le nom de Vishnou; il mettait de côté les nobles et les prêtres et s'entourait de disciples choisis parmi les castes méprisées.

L'un d'eux, Kabir, élargit encore l'idéal de son maître. Les Hindous avaient cessé d'être les seuls occupants de l'Inde : les Musulmans leur en disputaient l'Empire. Kabir essaya de fonder une religion qui réunirait les Musulmans et les

Hindous ; il rejeta la caste et condamna l'hypocrisie et l'arrogance des Brahmanes.

Au Penjab, presque au même moment que Kabir, Nanak, né près de Lahore, prêchait des doctrines analogues : l'abolition de la caste, l'unité de la divinité, le devoir de mener une vie pure, et Chaitanya, dans les deltas de l'Orissa et du Bengale, à la fin du XV° siècle, soutenait l'égalité de l'homme dans la foi. Dans le Kathiawar, l'humble *Kavi*, guzerati, Narsi Mehta, quoique Brahmane, proclamait, il y a plus de quatre cents ans, que si les hommes voulaient travailler à leur amélioration morale, individuellement et collectivement, ils devaient commencer par mettre de côté leurs mesquines querelles de haute et de basse caste et ne pas craindre de faire société avec leurs frères méprisés.

La réforme religieuse remplissait les esprits ; son souffle pénétrait les masses, et les poètes s'en inspiraient. Mais les réformateurs avaient beau prêcher, les poètes chanter, la coutume, plus forte que la poésie et la réforme, se perpétuait et sanctionnait les abus.

C'est un musulman, descendant de Tamerlan, Akbar, véritable fondateur de l'empire mogol, qui, le premier, à la fin du XVI° siècle, conçut un programme de réformes pratiques en partie réalisées de nos jours. Chef de religion, on le voit présider les assises religieuses de Fatehpour Sikhri et discuter avec les Parsis du Guzerate[1] et les missionnaires catholiques de Goa[2]; il est également compté au nombre des grands princes qui ont gouverné l'Inde. C'était du reste un politique habile, dont l'administration sert encore de modèle à ceux qui lui ont succédé.

Poussé par ses idées généreuses, Akbar essaya d'introduire des mesures protectrices qui furent malheureusement abandonnées à sa mort; elles sont d'une haute importance, parce que ce sont les seuls essais de ce genre dans toute l'histoire de l'Inde et de précieuses leçons pour les gouvernants modernes et les chefs des mouvements sociaux.

Le programme d'Akbar comprenait les mesures suivantes :

---

[1]. Cf. BADAONI, *Muntakhab ut Tawarikh*, trad. W. H. Love, Vol. II, p. 268. Calcutta, 1884 et MODI (J. J.) et *The Parsees at the Court of Akbar and Dastur Meherji Rana*. Bombay. 1903.

[2]. CATROU, *Histoire générale de l'Empire du Mogol*, etc., t. I, pp. 233 et suiv., Paris, MDCCXV.

1° Fusion des races ;
2° Abolition de la *sati ;*
3° Abolition des mariages précoces ;
4° Permission des seconds mariages des veuves.

Prenons quelques-unes de ces bienfaisantes réformes.

En ce qui touche la fusion des races, nous y reviendrons en finissant.

I. La coutume de brûler les veuves des hautes castes sur le bûcher de leur mari avait attiré tout d'abord l'attention d'Akbar.

« Depuis que le pays, écrit Aboul Fazl dans l'*Akbar Namèh*, est placé sous l'autorité de sa Majesté, des inspecteurs ont été nommés dans chaque ville ou district pour surveiller ces deux cas, la *sati* volontaire ou la *sati* forcée, pour bien les discerner et empêcher qu'aucune femme ne soit brûlée de force. » Comme vous le voyez, Akbar réservait une large part à la liberté individuelle, et des *Kotwals* (officiers de police) avaient l'ordre de veiller à ce « qu'aucune femme ne fût brûlée contre son gré ». En 1583, Akbar intervenait en personne et sauvait la vie d'une grande dame radjpoute en mettant en prison son fils et ses amis qui voulaient la faire monter sur le bûcher.

II. Au sujet du mariage, les efforts d'Akbar ne furent pas moins généreux et éclairés.

Nous apprenons dans l'*Ain-i-Akbari* que l'Empereur détestait les mariages précoces, une des coutumes les plus révoltantes de l'Inde, et, en 1584, un règlement fixait l'âge minimum du mariage à 14 ans pour les filles et à 16 ans pour les garçons. Une loi exigeait le consentement de la fiancée et du fiancé pour la validité du mariage. « Ici, dans l'Inde, écrit Aboul-Fazl, où l'homme ne peut voir la femme à qui il est fiancé, il y a des obstacles d'un ordre spécial; mais Sa Majesté estime que le consentement des conjoints et la permission des parents sont absolument nécessaires. »

Pour les classes supérieures, des agents prenaient des renseignements sur la position respective des fiancés; chez les gens du peuple, l'enquête sur l'âge des conjoints était dirigée par le kotwal ou chef de police.

En 1587, Akbar édictait une autre loi pour légaliser les seconds mariages des veuves.

Deux siècles d'inaction suivirent. L'œuvre

de réforme sociale fut ajournée au commencement du XIXe siècle où, l'une après l'autre, ses grands expériences allaient recevoir satisfaction.

On se trouvait en présence des mêmes abus : immolation de la veuve sur le bûcher de son époux, mariages d'enfants, prohibition du second mariage des veuves; mieux encore, aucun des appels des grands réformateurs en faveur de l'union fraternelle des peuples n'avait été entendu. Chaque groupe religieux, né d'un principe d'opposition à la caste, s'était refait une existence distincte où dominait encore l'esprit d'exclusivisme : la caste avait triomphé des utopies religieuses. L'Inde ne sera plus sous l'autorité des Mogols, mais toujours sous celle d'un pouvoir étranger; et à la place de la volonté d'un autocrate dont le bon plaisir avait force de loi, nous verrons la coopération de deux volontés, celle des réformateurs sortis des hautes classes de la société hindoue, représentants de l'Inde éclairée, humaine, et celle des délégués de ce pouvoir étranger qui promulgueront la loi et en surveilleront l'application.

**
*

A Calcutta, en face de l'hôtel de ville, du côté sud, s'élève la grande statue en bronze de Lord Bentinck, gouverneur général de l'Inde de 1828 à 1835. Au nombre des titres de gloire énumérés dans l'inscription rédigée par Macaulay, un des plus beaux sans contredit est l'abolition de la *sati*.

Près de Bristol, dans le petit cimetière d'Arno's Vale, une pierre marque la tombe du grand réformateur bengali Ram Mohan Roy. La suppression de la *sati* figure également dans son épitaphe.

C'est du concours de ces deux volontés, celles de Lord Bentinck et de Ram Mohan Roy, que sortit la première réforme sociale répondant au vœu d'Akbar, l'Act de 1829, qui éteignit à jamais le bûcher des *satis*.

Qu'est ce que la *sati* ? — Le terme *sati* est strictement applicable à la personne, non au rite. Il signifie une femme *pure* et *vertueuse* et désigne celle qui complète une vie de dévouement conjugal en accompagnant le cadavre de son mari sur le bûcher. C'est devenu un usage commun d'employer le mot *sati* pour dénommer l'acte et la coutume.

Parlons d'abord de la coutume. Quelle en est

l'origine? Suivons M. Bhandarkar, professeur au Deccan College de Pounah, correspondant de l'Académie des Inscriptions et Belles-Lettres, qui a apporté le concours le plus dévoué à la réforme sociale[1].

La coutume de brûler la veuve avec le cadavre de son mari remonte aux âges grossiers et primitifs où la femme, considérée comme objet mobilier ou esclave, était brûlée à côté de son époux avec les armes, les flèches, et le coursier du guerrier. Elle avait prévalu chez certaines races aryennes établies en Europe où on la retrouve chez les tribus teutones et chez les Scythes non-Aryens; mais, dans tout le Rig-Véda, — c'est M. Bhandarkar qui parle, — il n'y est pas fait allusion[2].

Cette coutume a dû exister chez les Aryas de l'Inde antérieurement à l'époque de la rédaction des hymnes, témoins deux passages des Védas qu'on récitait, l'un quand la femme montait sur le bûcher, et l'autre quand son beau-frère, le disciple de son mari ou son

---

1. *Social history of India*, dans « *Indian social reform* », publié par C. Y. CHINTAMANI. Madras, 1901, pp. 1-26.
2. Pour l'explication du verset 10 sur lequel repose l'horrible et sanguinaire coutume, cf. *Max Müller, Selected Essays*, vol. I, p. 335.

plus ancien serviteur l'en faisaient descendre[1]. C'était une sorte de parodie de la cérémonie de la *sati* et de son abandon.

Il semble donc que la coutume de brûler la veuve avait été mise de côté par les Aryas Védiques, mais elle a dû certainement prévaloir chez quelques-unes des nombreuses tribus aryennes qui s'étaient établies dans l'Inde ou chez les Sudras aborigènes.

On en voit l'indication dans l'histoire de Madri, une des épouses de Pandou, qui accompagne son mari sur le bûcher, et dans un autre endroit du Mahabharata, une tourterelle, pareille à la veuve fidèle, se brûle avec son compagnon pour jouir avec lui du bonheur éternel.

Toutefois avec la corruption du sens moral aryen, la coutume fut généralement empruntée aux tribus où elle était suivie, et le précepte du sacrifice de la veuve se trouva incorporé dans quelques *smritis* en vers, non sans soulever des protestations; mais les pandits, dans l'explication de la loi, ne reconnurent pas l'autorité des textes contraires et décidèrent que le sacrifice de la veuve était légal. C'est ainsi qu'il

---

1. Cf. *Ath. V.*, XVIII, 3-1. *Tait. Ar.* pp. 650 et 652, Ed. Bibl. Ind. *Rigv.* X, 18. 8. *Asv. gr.* IV, 2, 18.

passa à l'état de coutume, quoiqu'il fût facultatif et considéré par certains comme dénaturé et cruel.

Voici le rite de la *sati :* La veuve après s'être baignée et avoir revêtu des ornements neufs et brillants, l'herbe de *kusha* dans la main gauche, buvait l'eau tenue dans le creux de la main droite, puis répandait quelques grains de *tila* autour d'elle. Le visage tourné vers l'Orient : « *Om*, disait-elle, aujourd'hui, moi, une telle, de telle famille, je meurs dans le feu pour rejoindre Arunsati et résider avec lui dans le *swarga* (paradis) ». Suivaient de pieuses formules éjaculatoires.

Les Grecs avaient trouvé la coutume solidement établie. Les voyageurs musulmans en parlent avec dégoût. Au XVIe siècle nous avons vu Akbar essayer de l'arrêter. La *sati* était alors très en vogue. Les missionnaires chrétiens appelés à la cour d'Akbar admiraient sur leur long chemin de Goa à Delhi les monuments élevés à la mémoire des femmes vertueuses qui avaient suivi leur mari sur le bûcher. L'endroit du sacrifice de la *sati* était en effet marqué par une stèle sur laquelle était gravée une main levée. Les tombes devenaient souvent des lieux de pèlerinage. Pour celles des rajahs et de leurs épouses, c'étaient en général des mausolées circulaires surmontés d'un dôme. A deux milles d'Odeypour, on voit encore les beaux monuments des vingt et une épouses brûlées le même jour que le Rajah Sigram Sinh (1733). Tout ce qui se rapportait à ce rite affreux revêtait d'ailleurs un caractère sacré ; ainsi on conservait sur les murs des maisons l'empreinte des mains des *satis*.

Les Européens furent les témoins indignés de ces scènes, vraies fêtes pour les spectateurs. Les femmes s'y donnaient, certaines par dégoût de la vie, par piété, ou pour éviter les réincarnations ; d'autres pour tenir un serment redoutable arraché par les prêtres dans les transports de la première douleur[1].

Les voyageurs en parlent dans leurs relations. Ce serait trop long de vous faire connaître leurs émouvants récits. La *sati* volontaire chez les femmes de rajahs revêt un caractère grandiose. On cite un exemple admirable de *sati* volontaire et de ce qu'on appelle la *postcremation*. Prisonnière dans la forteresse du Girnar,

---

1. Cf. *Abbé Dubois. Éd. anglaise de 1897, vol. II, chap. XIX, pp. 353-370.*

la reine veuve, emmenée captive par le vainqueur, assassin de ses fils, et sollicitée par lui de l'épouser, maudit le présomptueux et se condamne à monter sur le bûcher, où elle s'assied calme et fière, le turban de son mari sur les genoux : son monument se voit encore à Wadhwan (Kathiawar) et remonte au XIIe siècle.

Mais combien, moins vaillantes, ne se soumettaient qu'en tremblant ! On parle bien de leur air résigné et de leur rire obtenu au moyen de stupéfiants et de sucs de plantes telles que le safran; il est faux qu'elles montassent sur le bûcher avec joie; bien qu'elles fussent parées comme des épouses le jour de leurs noces, il fallait le plus souvent les attacher, entasser du bois sur elles et assourdir leurs cris avec le bruit des tamtams.

La *sati* pouvait-elle se soustraire à son supplice ? Un voyageur raconte le fait suivant : Un orage étant survenu au moment où l'on allumait le bûcher, les prêtres y avaient jeté précipitamment l'épouse et s'étaient retirés chassés par la pluie. Au plus profond de la nuit, plusieurs missionnaires, réunis dans la maison d'un parent de la défunte, devisaient avec les natifs, lorsqu'on vit apparaître sur le seuil de la porte l'infortunée, lamentable spectacle que celui de cette victime d'un sacrifice à moitié consommé et qui glaça d'effroi les assistants ! Peu de jours après, d'ailleurs, le bûcher s'éleva de nouveau, et cette fois nul orage venu de l'Océan Indien n'en éteignit les flammes.

Non, la *sati* n'échappait pas facilement à ses bourreaux, et si le fait se produisait il était considéré comme une calamité. L'ombre de la *sati* qui avait fui dans la jungle effrayait pendant des générations les habitants de la région. Hélas! le plus souvent la pauvre femme était devenue le soir même la proie des fauves, et le charmant roman de la Chaumière Indienne n'a pas eu dans la vie réelle de nombreuses éditions !

C'était une gloire d'avoir une *sati* dans sa famille. Je me souviens d'avoir rencontré dans un village du Guzerate une vieille femme dont la grand'mère avait été *sati*, et cette Brahmine avait vraiment grand air en écoutant l'interprète me narrer le supplice de son aïeule.

Les Anglais, au Bengale, avaient été révoltés de la coutume ; mais la politique de l'*East India Company* commandait de respecter les usages des natifs et de ne pas froisser leurs préjugés religieux. Pourtant, dès l'époque de Lord Cornwallis, puis sous Lord Wellesley, enfin sous Lord Minto, des tentatives avaient été faites pour l'enrayer. Des magistrats comme sous Akbar étaient chargés de savoir si la victime ne succombait pas sous la pression des siens, et l'emploi des stupéfiants était strictement défendu. Les missionnaires protestants avaient en vain uni leurs efforts à ceux des magistrats. Le nombre des veuves qui se brûlaient allait au contraire toujours croissant ; de 1810 à 1820 la liste est terrifiante ; en 1817 on comptait 706 *satis* dans la Présidence du Bengale; en 1818, 839. Il est vrai que c'était le pays où la coutume était la plus répandue. Dans le sud, par exemple à Madras, la proportion n'était que de 30 veuves sur 30 millions d'habitants. Ces femmes étaient pour la plupart très jeunes ; ainsi, en 1823, 203 étaient âgées de 20 à 40 ans et 32 étaient au-dessous de 20. Quand Lord Bentinck arriva dans l'Inde, les autorités étaient d'accord que la *sati* était destinée à disparaître sous peu.

Dans la société native, il y avait eu un mouvement parallèle; en 1818, Ram Mohan Roy avait publié un premier factum contre la *sati*. A cette époque, il avait déjà acquis une grande influence. Né en 1772, dans un petit village du district de l'Hougly, à Radhanagar, il appartenait à une famille de Brahmanes. Son père était au service du Rajah de Burdhwan. Très jeune, il s'appliqua à l'étude des langues; puis il voyagea dans l'Inde et alla même au Tibet. Après un examen approfondi des textes sacrés et des différents systèmes religieux, il entreprit de ramener l'hindouisme aux enseignements des Vedas et des Upanishads. Il affirma l'unité de Dieu et basa sa réforme sur le plus pur monothéisme. Ce fut l'origine de ces sectes théistes du Bengale qui, sous divers noms, *Brahmo-Somaj, Arya-Somaj*, etc., ont rallié tant d'esprits distingués.

De la réforme religieuse Ram Mohan Roy avait passé à la réforme sociale et s'était attaqué résolument au rite le plus cruel autorisé par l'hindouisme, d'après une fausse interprétation des shastras. Son second mémoire contre la *sati*, paru en 1820, fut dédié à la Marquise de Hastings.

Reportons-nous maintenant à l'exposé des motifs de Lord Bentinck (8 novembre 1829) pour voir dans quelles circonstances l'*Act* fut promulgué[1].

La position du gouvernement était difficile. En s'attaquant à une des coutumes les plus respectées, il y avait lieu de craindre de commettre une faute grave, celle d'indisposer non pas la société civile, quantité négligeable, mais l'armée indigène. Toutefois ces craintes furent promptement dissipées ; on reconnut que les troupes portaient peu d'intérêt à la coutume et que le corps d'élite des cipayes, recruté dans les hautes classes, n'était pas hostile à son abolition.

L'appui des cours criminelles, depuis longtemps consultées, était également acquis, et la police répondait de l'ordre ; ainsi préparé le terrain était sûr.

La discussion devant le Conseil Législatif fut menée rondement ; un mois après la publication de l'exposé des motifs, la loi nouvelle inscrite sous le n° 17 (Déc. 1829) déclarait illégale la pratique de la *sati*, et ceux qui y prenaient part étaient reconnus coupables d'homicide volontaire et pouvaient être frappés

---

1. *Rulers of India. Bentinck by Boulger*, pp. 96-111. 1892.

par les cours criminelles d'amende et d'emprisonnement.

Il n'y eut pas d'émeute, et l'armée ne bougea pas. Quant aux Bengalis, s'ils ne cherchèrent pas à résister par la force, ils l'essayèrent au moyen de pétitions adressées au Conseil privé, même au roi, dans lesquelles ils faisaient valoir que l'abolition de la *sati* était une infraction au droit des populations; mais ces pétitions furent neutralisées par celles des natifs éclairés, qui soutenaient que l'action du gouvernement était conforme à leur manière de voir et d'accord avec l'interprétation correcte des textes.

Ce fut la fortune singulière de Ram Mohan Roy d'assister à la séance du Parlement où furent présentées les pétitions des orthodoxes et de pouvoir les faire repousser. Appelé en Angleterre pour soutenir certaines réclamations de l'Empereur de Delhi, il devait y mourir; incapable de résister à l'action du climat, il fut emporté par la fièvre[1].

Son nom est un des plus grands dans

1. Sur l'œuvre de Rajah Ram Mohan Roy: Cf. *Calcutta Review*, Jul.-Dec. 1845, pp. 355-393; Journ. of the R. A. S. MONIER WILLIAMS, jan. 1881. Vol. XIII, pp. 1-41 ; MISS SOPHIA DOBSON COLLET, *Life and Letters of Raja Ram Mohan Roy, 1900;* sa vie a été écrite en bengali par NAGENDRA NATH CHATTERJEE.

l'histoire de l'Inde moderne. Au commencement du XIXe siècle, il est le pionnier de la réforme, religieuse et sociale ; mais si, dans son œuvre religieuse, on trouve des traces manifestes de l'influence de l'Occident, dans son œuvre sociale, il reste absolument hindou. De plus, étrange anomalie, fondateur d'une religion nouvelle, il mourut en vrai Brahmane avec le cordon sacré. La réforme devait s'affirmer dans ce sens : améliorer, redresser et ne pas détruire. Comme je vous l'ai dit, la tâche était difficile...

Dans le parti européen, on chercha à amoindrir les résultats de l'*Act*. Certains trouvèrent que Lord Bentinck n'était pas allé assez loin et que, pendant qu'on y était, il fallait non seulement abolir le rite, mais encore pourvoir aux besoins de la veuve. Ces reproches sont absolument injustes. Était-il possible à un homme politique tel que Lord Bentinck de risquer de compromettre le succès de sa grande réforme en insistant sur un point aussi délicat[1] ?

En effet, le bûcher éteint, il restait la veuve.

1. Cf. Bentinck, *op. cit.*, pp. 93-95. Ce sont en partie les mêmes raisons de pitié et d'humanité qui seront invoquées sous lord Lansdowne au moment de la promulgation de l'*Age of Consent Act*.

Peut-être aurait-il été plus humain de l'y laisser monter, vu le sort qui lui était réservé.

C'est encore un Brahmane qui va soutenir le complément de la réforme et prendre en mains la cause de la veuve. Avec lui nous pénétrons plus avant dans la société native.

Le rite de la *sati* n'était pratiqué que dans les hautes castes et avait disparu à la suite de la promulgation d'une loi et de l'application d'un article du code pénal; mais, pour le mariage des veuves, la législation nouvelle réclamée par la réforme allait mettre la veuve en présence d'une loi inscrite au code civil, sans obligation d'en profiter.

On se trouvait aux prises avec une coutume profondément enracinée.

Si la doctrine de la nécessité du mariage pour la femme est un des traits communs à toutes les castes et à toutes les sous-castes, la défense du second mariage des veuves est tout aussi formelle. Dans les hautes-castes, celles qui sont comprises dans les trois principales, Brahmanes, Kshatriyas et Vaishyas, le second mariage est expressément défendu ; dans les castes dissidentes, celles des Jainas, qui sont classés parmi les Vaishyas, et même celles des

Shudras chez lesquels les seconds mariages sont permis, l'opinion publique y est opposée, et la position sociale de la femme remariée n'est jamais la même que celle de la jeune fille.

Le sort qui est fait à la veuve hindoue frappe d'étonnement les occidentaux.

La veuve doit garder le deuil jusqu'à sa mort, ne plus chiquer de bétel, ne plus porter de bijoux, — excepté un seul ornement au cou —, ni de vêtements de couleur, — du blanc seulement, — ne plus mettre de safran sur son visage et sur son corps, ni de marque sur son front (celle de la femme mariée). Son régime est un régime d'abstinence (elle ne fait qu'un seul repas par jour), auquel s'ajoutent souvent des jeûnes religieux prolongés; sa présence est considérée comme de fâcheux augure; elle n'a de place dans aucune fête, dans aucune cérémonie. C'est ainsi que la coutume, si puissante dans l'Inde, avait resserré de plus en plus le cercle de fer qui étreignait la veuve, en ajoutant à l'idéal de renoncement et d'ascétisme qu'on lit dans Manou la cruelle habitude de se défigurer, habitude empruntée sans doute aux époques bouddhiques.

Le veuvage, du reste, n'est qu'une étape, la

dernière de la Femme de l'Inde, étape douloureuse souvent terminée par le suicide. Dans ce cas-là, c'est à la police à régler les drames de famille.

Le Musulman, en voyant monter la *sati* sur le bûcher, frissonnait d'horreur : « Les femmes de l'Indoustan, lisons-nous dans l'*Ain-i-Akbari*, attachent bien peu de prix à leur précieuse vie ! » Les femmes de l'Inde y attachent en effet peu de prix, parce que leur vie n'est pas cotée très haut et ne vaut pas très cher [1].

Au point de vue religieux, la femme est irresponsable. Elle n'est pas autorisée à lire les Védas et ne reçoit de sacrement que celui du mariage qui lui tient lieu d'investiture. Dans la famille, elle est une gêne pour son père; vous verrez bientôt avec quelle hâte il en dispose. Il n'y a que le fils qui compte, la fille ne pouvant présider aux *sraddhas* qui assurent la paix aux mânes des ancêtres. Toutefois cet être si mal partagé a un devoir sacré à accomplir, le mariage, et en donnant à son époux les fils qui

---

1. *The Hindu woman : our sins against her*, par DAYARAM GIDUMAL. Cf. CHINTAMANI, *op. cit.*, p. 97; et MILLOUÉ (de), *Conférences du 19 novembre et du 24 décembre 1899*.

célèbreront les *sraddhas*, elle a droit à la reconnaissance et au respect des siens.

Au point de vue civil, éternelle mineure, elle passe de l'autorité maritale sous celle de ses fils, de ses frères, du plus proche parent, de la famille enfin. Elle ne peut ni hériter ni tester ; assimilée par Manou à l'esclave, elle n'a rien en propre ; la transmission des biens se fait par-dessus sa tête. Elle ne possède que les cadeaux donnés par son père ou son mari. En retour, la famille lui doit protection, nourriture et vêtement. Chaque caste a du reste des lois spéciales garanties par le gouvernement anglais, et l'on peut consulter à ce sujet le beau livre de M. Jogendra Chunder Ghose[1].

Malgré cette infériorité, la femme de l'Inde est un excellent modèle de vertus domestiques ; elle se considère toujours, selon Manou, comme « un don des Dieux » pour son mari. Elle remplit ses devoirs avec la plus parfaite honnêteté. Un livre très curieux, le *Padma Purana*, retrace l'idéal de la femme hindoue, idéal que les siècles n'ont pas affaibli.

Expliquer les *shastras* où se trouvent consignés les textes religieux sur lesquels repose

1. *Principles of Hindu Law*, ch. II, III, VI. Calcutta, 1903.

la prohibition des secondes noces, en appeler ensuite à la législation pour la faire disparaître, telle fut au Bengale la tâche des réformateurs, dont le chef incontesté est le savant Pandit Isvarchandra Vidyasagara[1].

Né à Midnapur, en 1820, d'une famille de Brahmanes appauvris, il entra à huit ans au Sanskrit College de Calcutta, et dès l'âge de 26 ans, il publiait un livre qui fait époque dans l'histoire de la prose bengalie. Comme auteur, éducateur et philanthrope, il occupe une très haute place dans l'œuvre littéraire et sociale de sa province : il mourut en 1890. Nous n'avons aujourd'hui à le faire connaître que dans son rôle de réformateur. Loin d'être entouré d'esprits hostiles à ses aspirations religieuses et humanitaires, il trouva dans sa mère sa véritable inspiratrice. « Ne ferez-vous donc rien pour ces pauvres êtres », disait-elle en lui montrant les veuves de sa famille ?

Interprétation des textes et révision législative, Isvarchandra entreprit courageusement la double campagne. Il commença par prouver

---

1. Sa Vie a été écrite en anglais et en bengali par SRICHARAN CHAKRAVARTI, Calcutta, 1896, et en anglais par SUBAL CHANDRA MITTER, avec introduction par R.-C. DUTT, 1904.

dans son ouvrage sur le mariage des veuves que les secondes noces n'étaient pas défendues par les Védas, et il fut suivi dans cette voie par les autres réformateurs Vishnu Shastri et Govind Ranade, juge à la « High Court » de Bombay. Voici le résumé de leurs travaux.

Dans les Védas, la veuve était relevée du bûcher sur une promesse de mariage, et un passage des Brahmanas permet d'inférer qu'il n'était pas défendu à une femme de prendre un second mari ; le nom de la femme remariée figure même dans l'Atharva-Véda et dans les smritis en vers. Toutefois le mariage de la veuve n'est pas approuvé en termes exprès dans les ouvrages plus anciens.

Parmi les smritis en vers deux, celles de Parasara et de Narada, l'autorisaient; les autres y étaient opposées. Il semble donc que la coutume du mariage des veuves avait existé jadis et qu'elle existait encore à l'époque de la composition de ces traités. Ce fut le sujet d'une controverse entre les législateurs. Certains la condamnaient absolument; Manou, tout en admettant que le mariage de la veuve n'est pas mentionné dans la loi sur le mariage, fait une concession et permet celui de la veuve enfant. Au contraire, Parasara et Narada soutinrent fortement les seconds mariages et cherchèrent un fondement à la législation. D'autre part, leurs adversaires reconnaissaient si bien l'existence des seconds mariages que, dans la liste des fils, ils font figurer en effet celui qui est né d'une femme remariée; ils lui assignaient, il est vrai, un rang inférieur, et il n'était appelé à la succession qu'à défaut d'autre postérité, ou, s'il y en avait, il ne lui était attribué qu'un quart de l'héritage. Yajnavalkya décida même que les dettes d'un homme marié seraient payées par celui qui épouserait sa veuve.

La coutume des seconds mariages existait donc à l'époque de la rédaction de ces ouvrages, c'est-à-dire du IV° au VI° siècle de l'ère chrétienne, et elle se perpétua probablement jusqu'au commencement du XI° siècle; car dans un ouvrage jaïna postérieur (1014 de J.-C.), une légende montre un individu mis en suspicion parce qu'il avait embrassé la vie d'anachorète sans avoir été chef de famille. Or, comme personne ne voulait donner sa fille à un homme aussi âgé, on lui conseilla d'épouser une veuve, d'après le texte de Parasara. Malgré tout la coutume du mariage des veuves continua à être tenue pour peu honorable, et elle fut entièrement mise de côté dans les temps postérieurs. Tels sont les faits d'après les divers traités sur lesquels portait la discussion[1].

Dans l'ordre législatif, c'est le 4 octobre 1855 que la première pétition, signée par Isvarchandra et autres notables hindous demandant la suppression des incapacités de la veuve, fut présentée au Conseil Législatif. Cette pétition avait pour but de faire promulguer une loi à l'effet d'enlever tout obstacle légal au second mariage des veuves et de légitimer la postérité issue de ces mariages, si sous les autres rapports lesdits mariages étaient reconnus valables. Les pétitionnaires alléguaient que, par une coutume depuis longtemps établie, les seconds mariages étaient prohibés, que cette coutume était cruelle, contre nature, immorale malfaisante, et que, dans leur âme et conscience, elle n'était pas d'accord avec les *shastras*; aussi étaient-ils décidés à n'en pas tenir compte, mais ils en étaient empêchés par

---

1. Cf. BHANDARKAR, dans CHINTAMANI, *op. cit., pp.* 23-24, et RANADE, dans DAYARAM GIDUMAL, *Status of Woman in India* (1889) *App., pp.* 315-337. Les travaux de Vishnu Shastri ne sont pas réunis dans un volume séparé.

la loi telle qu'elle était appliquée par les Cours. C'est pourquoi, sans léser les intérêts de ceux qui ne partageaient pas leur manière de voir, ils réclamaient une législation nouvelle et assuraient le Conseil Législatif que celle qui ferait disparaître les obstacles légaux serait d'accord avec les sentiments et les désirs d'une grande partie des Hindous. Bref, ils demandaient la liberté pour eux sans gêner celle des autres.

La première présentation du *Bill* au Conseil Législatif fut faite le 17 novembre 1855 et soutenue par M. J. P. Grant. Au fond beaucoup d'Hindous désiraient cette loi sans oser en prendre l'initiative. Ce n'était pas la première fois qu'elle était réclamée. Pas une partie de l'Inde où quelque membre distingué de la communauté n'eût essayé de faire entendre une humble protestation! Jadis un grand Pandit, Raghanandana, dont le manuel de loi hindoue faisait alors autorité au Bengale, avait voulu marier sa fille qui était veuve; le Rajah de Dacca et le chef de Kotah avaient également tenté pareille aventure; mais les uns et les autres avaient échoué par la raison que, pour obtenir un changement dans une caste, il faut réunir une forte majorité. Or, dans l'espèce et vu l'époque, seul le Conseil Législatif pouvait donner satisfaction à une minorité, même si cette minorité était réduite à une famille, à un individu, à qui il importait d'assurer la liberté d'agir selon sa conscience et ses sentiments d'humanité.

Au point de vue légal et familial la question était sérieuse : 23 pétitions signées par 5.191 Hindous étaient en faveur de la mesure; 28 signées par 55.746 protestataires en faisaient valoir les conséquences désastreuses. L'*Act*, disaient ceux-ci, était opposé aux usages du pays; s'il était promulgué, il bouleverserait l'ordre des successions et troublerait les règles de l'adoption ; (l'adoption, très importante institution civile et religieuse au point de vue de la transmission de la propriété et de la célébration des *Sraddhas !*) enfin elle détruirait la paix familiale. Autre inconvénient : les veuves pourraient être poussées à se remarier par la cupidité de leurs parents. Du reste, la loi était vague et insuffisante puisqu'elle ne réglait pas les conditions de validité d'un mariage de veuve, les textes relatifs au mariage ne s'appliquant qu'à une jeune fille.

Le *Bill* admis en seconde lecture au mois de

janvier 1856, accepté en troisième au mois de juillet suivant fut signé par le gouvernement le 26 de ce même mois. Il enlevait tout obstacle légal au mariage des veuves et légitimait les enfants et leur postérité (Act. XV)[1].

Après avoir fait disparaître l'obstacle légal, Isvarchandra entra dans la voie pratique. Ici, il devient très difficile de suivre les réformateurs dans leurs querelles de caste. Le premier mariage célébré par Isvarchandra entraîna l'excommunication pour lui, les mariés, les parents et les assistants.

M. Sylvain Lévi vous a parlé de cette arme terrible ; les infractions qui la motivent sont, vous le savez : 1° se faire musulman ou chrétien ; 2° aller en Europe ; 3° épouser une veuve ; 4° ne plus porter le cordon sacré ; 5° manger publiquement du bœuf, du porc ou de la volaille ; 6° officier comme prêtre dans les familles de très basse caste.

L'exclusion de la caste empêche de donner l'hospitalité à ses amis et à sa famille, d'être invité aux fêtes et de trouver des époux ou des

---

1. Cf. *A collection containing the proceedings which led to the passing of Act XV of 1856. Compiled by Pandit Narayan Keshav Vaidya.* Bombay, 1885. Dedicated to M. Malabari.

épouses pour ses enfants; elle prive des services du barbier, de la présence des membres de la caste aux funérailles des personnes de sa famille; dans quelques cas l'entrée du temple est refusée à l'excommunié. L'isolement, telle était l'arme dont allaient se servir les orthodoxes contre les novateurs.

L'Act promulgué au Bengale ne fit sentir ses effets que progressivement dans les différentes parties de l'Inde. Dans les pays mahrattes et la présidence de Bombay, il y avait bien eu antérieurement à l'Act de 1856 des tentatives, écrits de vieux *shastris* et célébration discrète de mariages de veuves. En 1866, une association s'était formée à Bombay pour favoriser ce mouvement, et le résultat avait été l'organisation d'une association contraire, ce qui avait partagé la société native en deux camps, celui des orthodoxes et celui des libéraux.

Or, si la réforme avait fait peu de progrès dans les pays mahrattes et la présidence de Bombay, c'est que l'éducation n'y était pas aussi avancée qu'au Bengale. De plus, il fallait un chef; il ne s'en présentait pas. Il parut enfin.

Vishnu Shastri était un homme versé dans l'étude des textes sacrés (son nom vous le prouve!), capable de tenir tête à n'importe quel adversaire¹. Il ne s'agissait plus de faire promulguer une loi ; il fallait recueillir les bienfaits de cette loi, c'est-à-dire la rendre accessible à ceux qui voudraient en profiter sans être entravés par leurs adversaires. C'était engager la lutte avec la caste, arbitre des lois familiales².

Vishnu Shastri commença par traduire en mahratti le livre de Vidyasagar; puis il en développa le contenu dans une série de conférences dans des centres orthodoxes tels que Nasik, ville sacrée sur les bords de la Godavéri, où affluent les pèlerins, et Pounah, siège d'opposition brahmanique irréductible.

Le premier mariage de veuve, celui de la veuve d'un réformateur avec un jeune maître d'école du district de Khandesh, déchaîna les fureurs du parti orthodoxe. La caste mit en œuvre tous ses moyens de défense. La lutte commença par un déchaînement contre Vishnu Shastri : injures, outrages, lettres anonymes, exclusion de la caste pour le couple et les assistants, ce qui motiva un appel au chef spi-

---

1. Le pandit était propriétaire de l'*Hindu Prakash*.
2. Cf. *Widow-remarriage*, par RAO BAHADUR WAMANRAO MADHAV KOLHATKAR, dans CHINTAMANI, *op. cit.*, pp. 282-311.

rituel, le Sankaracharya de Karver et Sankeshwar, et enfin un procès en diffamation devant la Haute-Cour. Le mariage fut toutefois tenu pour valable.

Ne vous disais-je pas que toute activité n'est pas éteinte au sein de la société hindoue?

Chez les Guzeratis la réforme se propageait également. A Ahmedabad, une autre *Reform Association* se fondait, et enfin, à Bombay, fut célébré un mariage de veuve qui attira beaucoup l'attention. Les deux époux appartenaient à la caste des Banians Kapols, caste très riche et très en vue. M. Rugnathdas Mangaldas a donné lui-même le récit de son mariage, de ce drame, devrais-je dire, auquel prirent part les réformateurs appartenant à diverses castes et Sir F. Souter, le chef de la police anglaise.

« Je suis un humble citoyen, dit-il, dont la vie se serait passée sans événements si je n'avais épousé une veuve, » et il ajoute que son crime fut d'autant plus haïssable aux yeux de ses « castemen », qu'il était riche et qu'il avait épousé la nièce du chef de la caste. Il l'épousa, grâce à l'appui de tout le parti des réformateurs, lorsqu'elle était à la veille de se suicider, lasse d'une vie dénuée de joie et privée d'espoir[1]...

A ce sujet je voudrais vous parler du réformateur pratique, de ce qu'il faut entendre par réformateur pratique, ce silencieux apôtre du bien qui ne réclame ni notoriété ni récompense et qui succombe le plus souvent sous la réprobation de sa caste et l'opposition de toute sa famille... Quelle belle vie, par exemple, que celle de Karsandas Mulji qui, à 20 ans, écrivit un mémoire en faveur du second mariage de la veuve et combattit si courageusement les Maharajas vishnouites dont il dénonça les excès devant les tribunaux[2] !

Malgré les foudres de l'excommunication, plus heureux qu'un riche commerçant d'Ahmedabad qui fut ruiné parce qu'il avait épousé une veuve, Rugnathdas Mangaldas et sa femme ont vécu riches et respectés. A leur tour, ils ont accueilli dans leur belle résidence de Girgaum les veuves persécutées. C'est là que j'ai vu souvent Mme Rugnathdas Mangaldas pendant

---

1. *Story of a widow-remarriage*, etc. Bombay, 1890. (*Private circulation.*)

2. Sa vie a été écrite par M. Mansukhram Suryaram, excellent sanscritiste de Bombay.

mon séjour à Bombay... Je m'arrête. Les *widows-homes* sont une institution philanthropique dont nous n'avons pas à nous occuper ici.

La réforme se propageait lentement ; dans chaque caste la même agitation se reproduisait toutes les fois qu'un mariage de veuve était célébré. Pour sentir le bienfait de l'*Act* de 1856, il semblait qu'il fallût tout attendre du temps et de l'éducation des masses.

En 1884, la question des seconds mariages des veuves acquit une nouvelle importance par l'initiative personnelle et les écrits de M. B. Malabari. Quoique n'appartenant pas à une communauté hindoue, M. Malabari, pénétré de cette charité et de cet esprit de fraternité qui porte à secourir celui qui souffre sans s'informer de sa race, de sa caste et de sa religion, avait travaillé discrètement et dans l'ombre à l'amélioration du sort de la veuve.

Ce n'était assurément ni sage ni prudent à lui de se laisser prendre à cette grande pitié, de se désintéresser de ses propres travaux et de changer l'orientation de toute une vie pour se vouer de gaieté de cœur à une tâche ingrate. Le rôle de réformateur dans l'Inde n'est pas fait pour tenter. Que dire de l'étranger qui l'usurpe ! Dans l'espèce cet étranger allait se trouver en butte à la fois à la mauvaise humeur des orthodoxes, systématiquement opposés à la réforme, et, chose étrange ! à celle de certains réformateurs hindous qui, au fond, tout en acceptant son aide, ne furent pas satisfaits de son ingérence. Max Müller le consolait des injustices qu'il rencontrait parfois, lui disant que si on l'appelait ignorant parce qu'il était Parsi, comment l'appellerait-on, lui un *mleccha* (barbare)[1] ? Mais nous n'avons pas à nous appesantir sur ces questions d'appréciation ; nous n'avons qu'à présenter l'œuvre et à enregistrer les faits.

Le sort de la veuve avait profondément touché notre réformateur. Il avait été souvent à même de contrôler l'exactitude d'épisodes douloureux, simples faits divers enregistrés dans les colonnes de journaux indigènes, drames vécus et poignants. Il admirait la mère de famille, noble et digne dans son rôle d'éternelle pleureuse, portant jusqu'à la tombe le deuil du père de ses enfants ; mais il plaignait du fond de l'âme la petite veuve, tête rasée, objet de la risée de ses compagnes, épouse d'un défunt entrevu le jour

---

1. Cf. *Life and Letters f the R. H. F. Max Muller.* London, 1902. Vol. II, p. 202.

des cérémonies religieuses, mieux encore, la petite veuve, visée par l'*Act* de 1856, « qui ne peut ni parler ni marcher. » S'il convenait de laisser à un être raisonnable et éclairé la libre réalisation de son idéal hindou, il fallait soustraire la victime innocente et irresponsable à une coutume odieuse, et logiquement on arrivait à la conclusion qu'en supprimant les mariages d'enfants, on supprimerait le veuvage précoce. Il n'y avait qu'à reprendre la réforme d'Akbar qui imposait une limite à l'âge où les unions pouvaient s'accomplir et prescrivait le libre consentement des parties.

Est-ce qu'un engagement entre des enfants peut être pris au sérieux par une autorité légale quelconque ? Et comment les orthodoxes pouvaient-ils soutenir la théorie de la sainteté d'un sacrement conféré à des inconscients ? Mais la coutume était si profondément enracinée, son origine remontait à des âges si lointains qu'il était téméraire de s'y attaquer. Elle s'était accentuée progressivement, revêtant avec les invasions musulmanes presque un caractère de protection par le fait qu'elle permettait aux parents de se décharger du soin de leurs filles en les confiant en bas âge à la famille à laquelle elles devaient appartenir. Par suite des lois de la caste et de l'obligation religieuse d'établir les filles avant un âge déterminé, le malheureux père hindou s'était trouvé acculé aux pires nécessités, jusqu'à l'atroce coutume de l'infanticide, comme moyen commode de se débarasser de responsabilités écrasantes et de soustraire les filles à une destinée misérable.

Le veuvage n'est pas la seule conséquence des mariages précoces ; du côté du jeune mari les inconvénients ne sont pas moindres. Combien n'en voit-on pas sur les bancs de l'école déjà pourvus d'une petite famille avec toutes les responsabilités d'un Européen de 30 ans ? Il y avait aussi la question de la dégénérescence de la race[1]. Bref, dans les milieux éclairés on parlait beaucoup, mais on faisait peu de besogne.

M. Malabari, pour arriver à donner au mouvement une direction pratique, comprit qu'il convenait avant tout de s'assurer l'appui du gouvernement, délicate démarche que celle de faire intervenir l'État dans la vie privée ! Pourtant cette intervention était nécessaire. Ainsi, pour l'abolition de la *sati*, la coutume aurait-

1. Cf. dans DAYARAM GIDUMAL, *op. cit.*, l'appendice qui traite de cette question, pp. 241-258.

elle jamais disparu sans l'appui du gouvernement? « Jamais, entendez-vous bien, disait M. Malabari, jamais. Ram Mohan Roy aurait pu s'égosiller pendant un siècle et Bentinck faire de platoniques appels à la sagesse des princes hindous, rien n'y aurait fait ; la *sati* aurait continué ses ravages, n'eût-ce été que pour faire parade du zèle religieux des populations ! » Exemple plus récent : l'*Act* contre l'*Infanticide* n'avait-il pas été dû à l'intervention directe du Gouvernement ?

Par suite de sa position personnelle, de son influence et de ses rapports avec les autorités anglaises, M. Malabari était à même de porter la question à la connaissance des hautes personnalités gouvernementales.

Il fallait, — permettez-moi d'insister sur ce point, — d'une part, intéresser le gouvernement à la réforme et l'inciter à y donner son concours ; de l'autre, stimuler et guider le parti des réformateurs. Or, on savait d'avance que le gouvernement ne se laisserait influencer que si l'opinion publique était elle-même influencée par les réformateurs, et que ceux-ci ne le seraient qu'autant qu'ils sentiraient le gouvernement favorable au mouvement.

Ce fut à Simla, au mois de mai 1884, que M. Malabari présenta à Lord Ripon ses notes sur le veuvage forcé et les mariages d'enfants. Le vice-roi se montra d'abord fort perplexe, ne sachant pas au juste ce qu'il pourrait faire en faveur de la réforme sociale ; mais quatre jours après il appela de nouveau M. Malabari et l'accueillit par des paroles encourageantes en l'invitant à discuter son projet.

Les *Notes* marquent le point de départ de la campagne close en 1891 par l'*Age of Consent Act*. Le vice-roi, après en avoir pris connaissance, les communiqua aux administrateurs locaux avec demande d'avis. Les principaux représentants du peuple, consultés à leur tour, envoyèrent leurs réponses aux gouverneurs locaux, et ceux-ci firent parvenir le tout au gouvernement suprême qui en publia l'ensemble et en forma une *resolution*, c'est-à-dire un arrêté.

Pendant que le gouvernement se mettait ainsi en contact avec l'opinion officielle, M. Malabari s'efforçait d'exercer une heureuse influence sur les classes éclairées. Il n'épargnait ni son temps ni son argent, et il avait mis sans réserve au service de la cause sa plume et les colonnes de son journal. Il faisait des conférences, parcourant les provinces les plus éloignées, recueillant l'opinion des personnages marquants, opinion qu'il publia dans un volume séparé, essayant de donner satisfaction au vœu du vice-roi « *qui ne désirait rien tant que d'avoir l'occasion de se prononcer en faveur de la réforme, si l'opinion publique lui forçait la main et l'obligeait à sortir de l'attitude de neutralité adoptée par le gouvernement dans les questions de vie privée et de coutume sociale*[1]. » Cette occasion, M. Malabari s'était porté garant de la fournir.

Darmesteter, dans une seule phrase, une admirable phrase, a caractérisé cette phase de la vie du réformateur : « seul, pauvre, il a entrepris la lutte contre l'égoïsme de toute une race et apporté, d'un bout à l'autre de l'Inde, la protestation indignée de la conscience et de la pitié ! »

Une grande agitation s'ensuivit : articles de revues où étaient discutés les points litigieux ; appels des veuves de certaines communautés ;

---

1. *Lettre du marquis de Ripon à M. Malabri, datée de Simla, 28 août 1884.*

lettres de princes ou de ministres favorables à la réforme ; entrevue de Lord Reay et des shastris ; petites émeutes locales ; attentats contre MM. Malabari et Ranade à Pounah, etc. Au Bengale, Keshub Chunder Sen avait pris une attitude favorable à la réforme et représentait tout le parti des Brahmoïstes.

En 1887, le mouvement s'accentua dans un sens plus pratique ; des associations se fondèrent dans le Sind et à Ahmedabad ; la même année s'établissait à Madras la Conférence Sociale, dont nous parlerons bientôt. En 1888, une autre association ou *Sabha* formée des princes et chefs radjpoutes se préoccupait de l'élévation de l'âge du mariage.

A la fin de 1889, la question était mûre. M. Malabari se décida à la porter à la connaissance des milieux parlementaires et partit pour l'Angleterre au mois d'avril 1890. Depuis longtemps, Max Müller lui avait conseillé d'en appeler à l'opinion publique et de s'assurer l'appui des femmes anglaises, si influentes, en faveur de leurs sœurs de l'Inde. C'est ce que fit M. Malabari dans son *Appel* du mois de juin, suivi d'un *meeting* chez Lady Jeune présidé par Lord Reay, qui réunit la haute société, y compris des membres de la famille royale; trois *résolutions* furent passées et l'élévation de l'âge du mariage des filles réclamée à 12 ans.

Au retour de M. Malabari dans l'Inde, le gouvernement était prêt à réviser le code pénal.

Des autorités comme Telang, à la fois jurisconsulte, homme politique et érudit, Bhandarkar, savant et réformateur, Chandavarkar, juriste éminent, actuellement juge à la High-Court de Bombay, tous trois brahmanes, s'appliquèrent, les uns à l'étude des textes et les autres à prouver que le gouvernement était autorisé à invoquer de nombreux précédents. Ceux d'entre vous qui désireraient connaître cette question au point de vue documentaire pourront consulter avec fruit les mémoires de MM. Telang, Ranade, Bhandarkar, Chandavarkar et du Pandit Ramaniśra Shastri, de Benarès [1], et au point de vue de l'opinion des classes indigènes éclairées et des hauts fonctionnaires anglais, les précieuses *notes* de M. Malabari publiées en 1887 [2].

---

1. Cette littérature est trop abondante pour que nous puissions en donner la moindre idée. Cf. le travail de M. JOLLY dans Z. D. M. G. vol. XLVI pp. 413-426, et vol. XLVII (1893) p. 610, sa réponse à l'article de M. Bhandarkar, même vol., p. 143.

2. *Infant-marriage and Enforced Widowhood in India*. Published for gratuitous distribution. Bombay, 1887.

Les textes, pareils à la sybille antique, donnent souvent les réponses désirées par ceux qui les consultent ! Toutefois, comme pour la *sati* et les *seconds mariages* des veuves, on voit clairement que le mariage d'adultes était pratiqué dans les temps anciens, et que, peu à peu, il avait fait place au mariage précoce, avec ses abus et ses crimes.

En 1891, le *Bill* fut promulgué sous l'administration de Lord Lansdowne. Il élevait à douze ans la limite de l'âge protégé.

Il serait prématuré d'écrire l'histoire de l'agitation qui précéda et suivit le *Bill*; elle fut très vive. La mesure ne visait pas seulement les hautes classes; elle avait un caractère général et visait chaque père de famille. C'est, au dire des sociologues compétents, Miss Nightingale, entre autres, la plus grande réforme des temps modernes et celle qui aura le plus d'influence sur l'avenir de l'Inde.

Les trois *acts* législatifs promulgués, quels en furent les résultats ?

1° La *sati* disparut rapidement dans la juridiction des Cours anglaises, plus lentement dans les États natifs, dont les chefs, les premiers, étaient opposés à l'abolition du rite[1].

2° Quant à l'*Act* de 1856, il faut consulter les statistiques qui montrent le nombre toujours croissant des seconds mariages et renseignent sur les parties de l'Inde où ils sont le plus fréquents, sur les conditions dans lesquelles ils sont contractés et sur la position sociale des conjoints. L'essentiel, c'est que l'*Act* a répondu au vœu de ses promoteurs : il a donné la liberté d'agir sans gêner celle d'autrui.

3° Pour l'*Age of Consent Act*, les résultats ne sont pas encore appréciables ; mais ils ne tarderont pas à l'être. Il a été successivement adopté par les États natifs tels que Mysore, Bhaunagar, Jeypur, Baroda, etc.

Il est utile de vous faire remarquer que la réforme sociale revêt, selon la région, un caractère très spécial. Au Bengale, le mouvement religieux, plus prononcé que dans la présidence de Bombay, a marché de pair avec la réforme sociale ; mais celle-ci a été retardée d'une certaine manière par l'obligation où l'on

---

1. Il y a encore dans quelques parties de l'Inde des exemples de *satis ;* le dernier date de 1904 et s'est produit dans la province de Behar. On en signale un autre dans le Penjab (1906).

s'est trouvé de se conformer aux principes du Brahmoïsme, qui est la religion des réformateurs, tandis qu'à Bombay ceux-ci, restés fidèles à leurs coutumes religieuses, ne se sont pas aliéné les sympathies populaires. Il s'ensuit que la réforme sociale au Bengale a pris la forme d'une question de caste et qu'à Bombay la société entière a participé au mouvement. Au Bengale, elle est restreinte; à Bombay, elle rayonne.

Les trois *Acts* ne sont pas, du reste, les seuls *desiderata* des réformateurs. C'est actuellement la Conférence Sociale, dont je vous ai parlé, qui concentre leurs efforts et poursuit leur œuvre.

Chaque année, sous la présidence d'une des notabilités du parti, Madhav Rao, le grand ministre brahmane du Travancore et de Baroda, Telang, Lala Baij Nath, Ranade, Chandavarkar, la Conférence discute les questions les plus urgentes, telles que la possibilité de voyager, de venir en Europe sans perdre sa caste, l'abolition de la polygamie, l'éducation des femmes, l'élévation des castes inférieures, la campagne contre les *Nautchs*, etc.

Cette année, c'est à Bombay que la conférence sociale s'est réunie; on y a remarqué la présence d'un chef, le Gaekwar de Baroda, qui a pris la parole. Prince éclairé et libéral, Son Altesse a donné depuis longtemps son concours à la réforme sociale. Au moment de l'*Age of Consent Act*, il avait adressé à M. Malabari une lettre très bien pensée et très bien écrite au sujet de l'élévation de l'âge protégé. Cette fois, il a parlé et a porté à la caste des coups très sûrs et très bien dirigés.

M. Bhandarkar, un Brahmane ! avait déjà dit que la caste est une institution d'un caractère si conforme aux besoins de l'Inde et tellement enracinée dans les habitudes du pays, que si l'on voulait enlever d'un coup ses distinctions, on ne réussirait qu'à former de nouvelles castes; mais qu'il ne fallait pas pour cela perdre de vue le but, c'est-à-dire sa destruction [1]. Le Gaekwar va plus loin encore. Pour lui, il ne suffit pas de détruire la caste, il faut en détruire l'esprit dans les cœurs... N'est-ce pas la doctrine prêchée par le grand poète guzerati Narsi Mehta, il y a quatre siècles?

La destruction de la caste amènera-t-elle la

1. *Address to the second anniversary meeting of the Madras Hindu social Reform Association on the 27 th. december 1894.*

fusion des races qui figure au programme d'Akbar? Assurément non ; car, pour la caste, nous n'avons affaire qu'aux communautés hindoues, et l'union des races comprend les communautés hindoues et musulmanes.

Or Akbar avait réussi à obtenir une apparence d'union tant que sa volonté puissante avait maintenu en respect les éléments hétérogènes à l'aide desquels il voulait former un pays, une nation ; lorsque cette volonté disparut, l'œuvre périt.

Pendant une veillée près de la tombe du grand empereur, à Sikandra, un réformateur[1] eut la vision de ces temps glorieux et uniques dans l'histoire de l'Inde. Il revit en rêve la cour du Mogol avec ses généraux, ses ministres et ses lettrés, appartenant aux communautés les plus étrangères les unes aux autres, vrais représentants des forces vives du pays, et à son réveil, il se demanda si cette partie du programme de l'illustre défunt ne finirait pas par se réaliser comme s'étaient réalisées les autres réformes tentées par lui ? Le XXe siècle verrait-il se produire l'entente entre les deux races rivales ?

1. M. Malabari.

Il ne s'agit plus, vous le voyez, de discussions de textes ni d'actes législatifs : il s'agit d'une question qui sort de notre programme. Pour la traiter, il faudrait d'abord étudier et définir les rapports actuels des Hindous et des Musulmans.

L'an prochain, cette question aura peut-être fait des progrès assez sensibles pour qu'ils puissent être portés à la connaissance du grand public qui veut bien s'intéresser ici à ces choses lointaines[1].

19 mars 1905.

---

1. La Conférence sociale s'est tenue à Bénarès au mois de décembre 1905 et elle n'a pas abordé la question des rapports des Hindous et des Musulmans.

TABLE DES MATIÈRES
DU TOME XVIII

M. Jean Réville. — Le Prophétisme hébreu.. 1
M. R. Cagnat. — Le Vie de garnison et la Religion des soldats dans l'Empire romain........ 57
M. G. Lafaye. — L'Initiation mithriaque....... 89
M. Théodore Reinach. — La Fête de Pâques dans le judaïsme et le christianisme.......... 115
M. D. Menant. — Réforme religieuse et sociale dans l'Inde................................ 175

Chalon-sur-Saône, imprimerie française et orientale E. Bertrand

ERNEST LEROUX, ÉDITEUR, 28, rue Bonaparte

ANNALES DU MUSÉE GUIMET
Bibliothèque de vulgarisation
SÉRIE DE VOLUMES IN-18 A 3 FR. 50

CONFÉRENCES AU MUSEE GUIMET

Tome XII. — CONFÉRENCES DE 1898-1899, par L. DE MILLOUÉ, préface par M. Émile GUIMET. — L'idée de Dieu et la nature des dieux chez les peuples de l'Extrême-Orient. — La notion de l'existence de l'âme et de sa nature chez les Indous, les Grecs, les Perses, les Chinois et les Japonais. — L'origine du monde d'après les livres sacrés de l'Inde et de la Perse. — La vie religieuse de l'Indou. — Les symboles religieux orientaux et leurs rapports avec ceux du Paganisme européen. — Les lois morales dans l'Inde. — Le Mysticisme indou.

Tome XIV. — CONFÉRENCES DE 1899-1900 ET 1900-1901, par L. DE MILLOUÉ. — La condition de la femme dans l'Inde ancienne. — I. La femme au point de vue religieux et légal. — II. La femme dans la littérature et au théâtre. — La tradition historique et la mythologie dans les poèmes épiques de l'Inde. Le Râmâyana. Le Mahâbhârata. — Culte et cérémonies en l'honneur des Morts dans l'Extrême-Orient. — Les Dieux du feu. — L'astrologie et les différentes formes de la divination dans l'Inde, en Chine et au Tibet. — Triades et trinités.

Tome XV. — CONFÉRENCES DE 1903. — Les clans japonais sous les Tokougawa, par M. Maurice COURANT. — Les apôtres chez les anthropophages, par M. Salomon REINACH. — Les peintures préhistoriques de la caverne d'Altamira (Espagne), par M. Émile CARTAILHAC. — La sorcellerie et les sorciers chez les Romains, par M. R. CAGNAT.

Tome XVI. — CONFÉRENCES DE 1903-1904. — Rome sous les rois et les dernières fouilles, par M. G. LAFAYE. — Les origines babyloniennes de la poésie sacrée des Hébreux, par M. Philippe BERGER. — La transmigration des âmes dans les croyances hindoues, par M. Sylvain LÉVI. — Parsis et Parsisme, par Mlle D. MENANT.

Tome XVII. — CONFÉRENCES, par M. Émile GUIMET. In-18, illustré. — La statue vocale de Memnon. — Les récentes découvertes archéologiques en Égypte (10 grav.). — Les musées de la Grèce (11 grav.). — Des antiquités de la Syrie et de la Palestine (12 grav.). — Le théâtre chinois au XIIIe siècle.

Chalon-sur-Saône, Imprimerie française et orientale de E. BERTRAND

www.ingramcontent.com/pod-product-compliance
Lightning Source LLC
Chambersburg PA
CBHW060125170426
43198CB00010B/1031